発達障害の僕が「食える人」に変わったすごい仕事術

発達障害サラリーマン
借金玉

KADOKAWA

はじめに

「僕はジョブズではない」ということを理解するのに30年近くかかった話

●この本と借金玉という生き物について

この本は「ギリギリ人生をやっていけるようになった発達障害者が、普通のことを普通にやるための方法」を解説する本です。「日本一意識の低い自己啓発本」を名乗らせていただいております。発達障害と診断された人はもちろん、「自分は発達障害かもしれない」と感じている人、そして仕事や人間関係が全然うまくいかないと悩んでいる人にも読んでいただければ嬉しいです。

僕が発達障害の診断を最初に受けたのは、大学生のときでした。そのときは、「なるほど、これが自分の人生がうまくいかなかった理由か」と何となく思う一方、同時に「発達障害がある自分というのは、何らかの才能があるのかもしれないな」という甘い予断もありました。

僕の失敗続きの人生が「致命的」なものであることを、まだ受け入れられていなかったのかもしれません。当時は、「発達障害」について調べると「あの偉人もあの天才も発達障害だった」みたいな内容が随分目についたのを覚えています。しかし、僕の人生を振り返るとやはり発達障害というのは「厄介な障害」でしたし、それがもたらした困難は小さいものではありませんでした。

発達障害による困難は
①仕事
②人間関係
③日常生活
この3つにおいて現れますが、これは要するに「人生全てがキツい」ということになります。でも、逆に言うとこの3つの「普通のこと」ができるようになるだけで、少なくとも「何とか食っていける人」にはなります。

この「借金玉」というけったいな名前を名乗る僕がどんな人かと言いますと、とりあえずＡＤＨＤの診断を受けた発達障害者で、コンサータという薬を飲みながら、営業マンとして働いています。

年齢は32歳です。おっさんと言い切るには青臭く、若者と言うには年を食いすぎた微妙な年です。小学校中学校は発達障害児童の典型どおり、学校に馴染むなど全く不可能で、登校拒否を繰り返しながら何とか卒業。高校も落第寸前の成績で何とか卒業。その後、大学に一度入るもあっという間に中退。

その後2年ほどフラフラして、別の大学に入りなおし、何を間違ったか大変立派な金融機関に入り込むことに成功してしまいました。もちろん、当然の如く仕事はうまくいかず、人間関係も壊滅。２年ともたず職場を敗走することになります。

その後、よくわからない力を発揮して数千万円の出資金をかき集めて起業。一時は社員二桁あたりまで会社を成長させるも、昇った角度で落下。30歳の節目をすかんぴんの無職として迎えることとなります。

趣味は文章を書くことで、作家を目指していた時期があります。貿易業と飲食業を経営していたので、料理が得意です。英語は喋れません。「借金玉」という名前の由来は、会社の経営が傾いたときに大量の借り入れを行い、「いよいよ僕も〝借金玉〟

だな」と思ったので名乗り始めました。それと、インターネットが好きです。そんな人がこの本を書いています。よろしくお願いします。

発達障害について

さて、最近結構耳にすることも多くなったこの「発達障害」という概念。これは実際どういうものなのか。とりあえず、この本はＡＤＨＤとＡＳＤという障害を念頭に書かれていますが、このＡＤＨＤとＡＳＤというものもイマイチよくわかりません。

一応、ＡＤＨＤは注意欠如・多動症。ざっくりした説明をしますと、「不注意」「多動性」「衝動性」という問題があるとされております。

例えば、僕は「行列に並ぶ」とか「落ち着いて考える」ということが大変苦手です。ケアレスミスは、「どうしてそんなところを間違えられるの？」と驚かれるくらい得意です。映画を１本じっと見続けるのは不可能に近く、いまだに克服できていません。オペラやクラシックの演奏会なんかは怖くて行けません。なくし物は名人戦に出られるくらいの腕前と自負しております。

また衝動性も強く、「言うべきではないことを衝動的に言ってしまう」「やるべきではないことを脈絡なくやってしまう」は、かなり強いです。スケジューリングや整理整頓などは破滅的で、人生は常に追い立てられるような有様でした。

そういうわけで、文句なしのＡＤＨＤと診断され、薬を処方されています。「注意欠如・多動症」の名前どおりの問題は確かに僕には全てあります。

今度はＡＳＤという概念についてです。こちらも専門的に説明するとこの本1冊で足りないくらいの量になりますが、「自閉スペクトラム症」と訳されています。自閉症、アスペルガー症候群、広汎性発達障害などを包括する概念なので、かなり広いカテゴリーです。

概して、社会的な、つまりは人との関わりが難しい障害とされています。いわゆる「空気が読めない」に象徴される問題ですね。コミュニケーションに難があります。また、感覚過敏や逆に鈍麻、あるいは独特のこだわりを持つ行動をする人が多いとされています。好き嫌いが極端、自分のルールやルーティンにこだわり変更できない。他者の気持ちを察すること、すなわち共感性が低いなどの特徴もあるとされています。

僕の診断はＡＤＨＤですが、周囲の発達障害者諸氏に言わせると「おまえはＡＤＨＤも強いがＡＳＤはもっと強い」と言われます。確かに、症状を考えるとＡＤＨＤの概念だけでは説明のつけられないものが多々あり、僕も「併発しているんだろうな」と思っています。

また、「併発」と言いましたが、最近はＡＤＨＤとＡＳＤは不可分の障害で、それぞれの症状を両方とも有するのがむしろ普通という考え方もあるようです。「スペクトラム」の障害ということですね。

僕自身も、「感覚過敏」や「自己ルールへの強烈なこだわり」などＡＳＤの症状は極めて強く、例えば「皮膚感覚が過敏すぎてマフラーが巻けない」など明らかにＡＳＤの特性を持っています。音にも光にも弱いです。「信じられない過敏さと悪い冗談みたいな鈍感さが同居する」というのは発達障害のある友人の言葉ですが、正しく発達障害者のひとつの特性を言い表していると思います。

お医者さんに言わせると「大体みんな混ざっている」とのことです。僕自身の周囲にいる人間を見渡してみても、「純粋なＡＤＨＤ」、あるいは「純粋なＡＳＤ」という人は見当たりません。発達障害者の大半は、ＡＤＨＤ的症状とＡＳＤ的症状が混在しています。

例えば、ものすごい多動（じっとしていることができない）があるのに、時間にうるさく、机の上は完璧に整頓されていないと気が済まないという人もいます。僕自身は、「整理整頓を保つ能力はないが、散らかっている部屋はとても強いストレスになる」という人です。これは本当に最悪だと思いますが、実際そうなのです。

ＡＳＤは言葉が苦手、表現が苦手と言いますが、僕は言語表現が得意ですし、実際文章の得意なＡＳＤ、喋りの得意なＡＳＤというのも結構います。正直、僕は最近「障害の診断に大した意味はない」と考えるようになりました。

発達障害者の厄介な点は、「一人一人症状や困りごとが違う」ということです。得意なこと、苦手なことがそれぞれ全く違うのです。「発達」の「障害」、すなわち「発達の凹凸が大きい人」なのだと思います。

だから、「私は発達障害者です」と言われて「フォローしてあげたい」と思った人がいたとしても、どんなフォローをしてあげればいいのかはなかなかわからないという辛い現実があります。一人一人、発達の凹凸は別物ですから、必要なフォローも別物になってしまうのです。これが発達障害の難しいところです。

僕はツイッターで発達障害の話をしているうちに2万5000人を超えるフォロワーができて、多くの人と発達障害の話をする機会を得ました。また、この本を書くに当たって数十人の発達障害者にヒアリングを行いました。

その中には、弁護士や企業役員といった成功者から、生活保護を受給して暮らす人、長い入院生活を送っている人などさまざまなバリエーションがありました。

そうした知見と自分自身の経験を踏まえて、「この辺は困ってる人が多い」という問題に対するライフハック（ささやかな人生の工夫みたいなものでしょうか）を書き連ねたのがこの本になります。

この本の中心テーマは「生存」、すなわち「生きていればとりあえずOK。生き抜こう」です。社会適応のための努力ができるような状態ではない人もたくさんいますし、無理は禁物です。「社会に適応するためにこの本を読んで努力しろ！」というような内容の本ではありません。「あなたが少しでも楽に生きる役に立てば嬉しい」という気持ちで書かれています。

そういうわけで、本編に入る前にこの「借金玉」と名乗るよくわからないおっさんがどのように人生を転げてきたのかについて、まずは語らせていただきます。

1回目の敗走

僕の社会人としてのキャリアは、文句のつけようのないホワイト企業から始まりました。もちろん激務感がゼロだったわけではありませんが、一般的な水準から見れば給与は高く、休みは多かったと思います。福利厚生はこれ以上ない水準で揃っており、教育環境は極めて高いレベルで完備され、まさしく文句なしの職場でした。

大学4年生の終わり頃、あの浮かれた気分を僕はいまだに覚えています。ついに俺はここまで登りつめたぞ。田舎者の発達障害者だってやればできるんだ。未来は希望に満ちていました。七転び八起きの人生だったけどやってやったぜ。そんな気持ちだったと思います。

前述のとおりそれから約2年後、僕は職場から敗走することになります。それは、僕の敗走人生の最も代表的なエピソードと言えると思います。

職場に入って一番先に思ったことは、「こいつらみんな能力高い！」ということでした。もちろん、能力の一番尖った部分で遅れを取る気はない、くらいの自負は僕にもありましたが、総合的な能力のバランスという面で僕は同期の中で圧倒的に劣っていたと思います。端的に言えば、能力のムラがありすぎました。

ホワイト企業の最も厄介な面はこれです。学歴はあって当たり前。その中でさらに苛烈な選抜を潜り抜けてきた彼らは、「何もかも普通以上にできて当たり前」なのです。

新卒にいきなり難度の高い仕事が回ってくることなどありません。「誰でもできる仕事を効率よくこなす」という点で競い合った場合、能力ムラが大きく集中力にも難のある僕は圧倒的な遅れを取りました。

眠気。耐え難い眠気。僕があの職場にいたときの記憶の中で最も印象深いのがこれです。とにかく仕事に興味が持てず、頭に入らない。単調に続く事務作業の連続は、耐え難い眠気を僕に起こしました。

また、僕は当時ＡＤＨＤの処方薬であるコンサータを入手できておらず、薬によるブーストをかけることもできませんでした（後にこの症状はコンサータの投与で劇的な改善を見ることになるのですが、そのときには全てが手遅れでした）。

事務処理能力というのは残酷なジャンルです。素体スペックの差が隠しようもなく露呈します。何の面白みもなく、また仕事の全体像も見えないまま取り組む果てしない事務作業は、僕にとって最も適性のない仕事でした。しかし、ほぼ全ての同期は研修から配属初期に続くこの何の面白みのない作業に難なく順応していきました。

当たり前です。僕のように中学校は半分以下の出席、高校は単位取得ギリギリのサボリ魔なんてバックボーンの人間はほとんどいなかったはずです。彼らは退屈さと面白みのなさを克服する訓練を果てしなく重ねてきた人間たちでした。その上、発達障害者ではない人たちでした。「こいつら本当に人間なのかよ」と思った記憶があります。しかし、彼らから見れば「人間ではない」のは僕のほうだったでしょう。

僕は、人生のほとんどを「圧倒的に出遅れた後、後半で爆発的な加速をしてマクる」というパターンで乗り切ってきました。文句なしのスロースターターです。どこかで強烈な過集中（ADHD傾向の人にたまに起きる強烈な集中。コントロール不能な場合が多い）がやってきて、全てをチャラにしてくれる。その繰り返しで生きてきました。

中学も、高校も、入試も、大学も、就職活動も全てこのパターンでした。例えば、1年間で一定のタスクをクリアするのであれば、僕はその半分は間違いなく浪費します。そして、誰もが「あいつはダメだ」と思った頃、強烈に加速してチギる。この繰り返しでした。

一番悪いのは、そのパターンで社会人になるまでは何とかなってしまっていたことです。僕は「出遅れなんていつものこと。どうせ後半になればいつものアレがやってくる」という強い楽観を無意識のうちに持っていました。

しかし、仕事というのはそういうものではありません。特に、巨大なシステムの歯車として機能する事務職においては、そのようなやり方は一切通用しません。安定した出力を常時出し続けることこそが一番大事なのです。突出する必要はありません。安定感こそが最重要です。僕には危機感がまるで足りませんでした。そして1年が経つ頃、僕は誰がどう見ても手遅れになっていました。

僕に仕事を教えようとする人間はおらず、また同情的に振る舞う者もおらず、それでも職場は問題なく回っていました。一度掛け違えたボタンは時間の経過とともに加速度的に悪化し、二度と元に戻ることはありませんでした。

生意気だった——部族をナメていた

僕はこの本の中で「部族に順応せよ」という比喩を繰り返し述べていきます。とにかく、職場の文化を尊重し、従順に振る舞うことが大事だというお話です。しかし、新卒の頃の僕の考え方はこれと全く逆のものでした。

そんなものはくだらない。利益にもならない。順応や従属なんていうのは情けない人間のやることだ。

もちろん、ここまで明確に言語化されてはいませんでしたが、そういう風に考えていたと思います。だったらベンチャー行け、って話ですよね。もしくは、営業の数字だけが正義の会社に飛び込めばいい。これは全くそのとおりで、何故そうしなかったのかいまだに後悔があります。そういうタイプの会社の内定だって持っていたというのに。

10代から20代の初めまで、僕は「我を貫く」ことをモットーに人生を生きてきました。気に入らない教師や上司にはとことん逆らいましたし、人間関係も我を殺すくらいなら全て放棄してきました。

その結果、人間関係から放逐され孤独を味わうこともよくありましたが、その場合は「極力学校に行かない」「バイトはさっさと辞める」という最高の解決策がありました。授業なんか受けなくても、自分で勉強すればそれほど困ることもありませんでした（そもそも高校まで受験に一切関心を持っていなかったので、入った高校のレベルもとても低かった。高校選びは「家から近い」という理由だけでした）。

最初に入った大学では見事に人間関係に殺されましたが、これも「退学して別の大学に通いなおす」という逃げが全てを解決してくれました。そして、入りなおした大学はそのような生き方こそ正しいという校風を持っており、僕のこの性向は大学卒業時に最も高まっていたと思います（もちろん、僕はあの校風が大好きなのですが……）。

社会性を身につけるチャンスは、今思えばそれなりにはあったと思います。アルバイトだってかなりの数を経験していました。しかし、アルバイトは所詮アルバイトだったんです。

気に入らない先輩や上司がいれば喧嘩を吹っかけて辞めればいいだけのことでしたし、いくつも職場をホッピングすればそのうちに我を殺さなくていいところに当たります。無限にホッピング可能なアルバイトでは、僕は社会性を身につけるどころか反社会性を果てしなく強化しただけでした。

「退屈さと面白みのなさに耐える」ということもまるで身についていませんでした。当たり前ですよね。退屈で面白くなければすぐに逃げ出して次に行く人生だったんですから。

礼儀や挨拶といった基本的なものも、まるでできていませんでした。そんなものを求められたら即座に胸倉を摑みにかかるような人間でした。

ここまで書いてきて、本当に恥ずかしいですね。しかし、言語化することにはそれなりの意味があるような気がします。

そういうわけで、僕は新卒で就職した後、部族の掟によってグチャグチャに叩き潰されました。再び僕は逃げ出したわけです。

この頃の僕は、他人への共感性が限りなくゼロだったと思います。他人の立場なんてものを考えたことは一度もなかったかもしれない。「あの人にはあの人の苦労があるだろう」なんてことを考え始めたのは、自分自身で会社経営を行い、部下を雇う立場になってからです。自分の正しさだけが世界の全てでした。

発達障害を甘く見ていた──自分が30歳になるなんて信じられなかった

僕は大学生の頃には自分が発達障害であることに気づいていました。通院もしていました。もっと早く発達障害の対策に入ることは可能だったと思います。そして、そうしていればまた違う未来があったのかもしれません。しかし、ある意味運が悪いことに、新卒で就職するまでは結構何とかなってしまったのです。

高校は落第寸前の出席日数で、人間関係はほぼ全てで破綻を繰り返し、そのたびに別の場所に逃げる。定期的に二次障害（発達障害によって二次的に引き起こされる精神の病。うつなどが代表的。僕は躁うつ〝双極性障害〟です）が出て躁うつの波を繰り返し、薬物のオーバードーズと自殺未遂を繰り返す。客観的に見れば明らかにダメです。でも、その破綻寸前の生活を僕はギリギリの線で乗り切ってしまいました。

また、中途半端にテストの成績などは良かったため、問題が中々表面化しなかったのです。大学時代も薬物とアルコール、自殺未遂などは定期的にやらかしていましたが、「圧倒的に大学が楽しい」という事実が問題にフタをしてしまっていました。また、大学は圧倒的な規模があり、人間関係を次から次へと乗り換えることが可能だったため、さまざまな問題を回避することが可能でした。

そういった生き方に自分自身が酔っていた節も多いにあります。自己陶酔ですね。これが最悪でした。また、昔から僕は弁が立ったため、直面した大きな問題を口先だけで何とか乗り切ってしまえる能力がありました。そしてわずかではあるものの、僕のそういった性向を承認してくれる人間の確保にも成功してしまっていたのです。

彼らは僕が破滅的に振る舞えば振る舞うほど喜び、承認を与えてくれました。このようにして、僕の反社会性は20代になっても衰えることなく保存されていったのだと思います。

僕は自分に30代があると思ったことがありませんでした。20代も後半にさしかかるまで、30代なんて僕にはない、自分は20代で死ぬ。そういう根拠のない確信を抱いて生きてきました。人生の問題を解決する必要性すら感じていなかったのです。自分自身に大きな問題があることには気づいていました。いつかそれは避けようがなくやってくるだろう、とは思っていました。

でも、その前に死ぬだろうとはもっと強く思っていました。根拠のない楽観と悲観を実に器用に使いこなして現実から逃避していたのです。本当に我ながら器用なことをしていたと思います。

発達障害という人生の問題と真正面から向き合ったのは、実はそれほど古い話ではありません。ほんの数年前の話です。定期的にきちんと医者に通い、服薬を欠かさず、さまざまな生活上の工夫を実践する。他者への共感的な振る舞いを試みる。定型発達者の考え方をエミュレートする。そのような習慣を身につける努力を始めたのは、25歳を超えてからでした。

もっと早く僕が圧倒的に打ちのめされる機会に遭遇していれば、事態はここまで悪化しなかったのかもしれません。でも、気づいたときには全てが手遅れでした。逃げて逃げて逃げて、ついに逃げ切れなくなったとき、やっと人生の問題と向き合ったのが僕です。

生活習慣という概念を持っていなかった

僕は、今でもあまり褒められた生活習慣を持っているわけではありませんが、人生のある時期まで生活習慣を作るという概念を1ミリも持っていませんでした。

眠りたいときに眠り、目が覚めているならいつまでも起き続けていました。躁うつと不眠が事態をさらに悪化させました。現在のような適切な睡眠薬の飲み方すら、20代の半ばになって身につけたものです。僕にとって睡眠薬は人生のある時期まで、酒のツマミでした。

精神科に行くことと酒屋に行くことの区別がついたのは、20歳を過ぎてからだと思います。現在、コンサータを飲むようになった僕は、適切な服薬の重要性を本当に強く認識しています。しかし、ある時期まで僕にとっての服薬とは、人生の痛みを紛らわす酩酊物質を胃に放り込むことでしかありませんでした。

僕が新卒で会社に入った後の生活習慣は、平たく言ってメチャクチャだったと思います（まぁ、それ以前はもっとメチャクチャでしたが）。帰宅するなり酒をあおり、明け方まで目を血走らせて過ごし、数時間の眠りについた後、身体を引きずるように職場へ向かう。こんなコンディションで良い結果なんて出せるわけがないのです。

自分の異常性に気づいたのは、深夜の3時にコンビニまで酒を買いに行ったときでした。仕事の始まりまではあとほんの6時間です。8時には家を出なければいけないのに、酒を飲み始めてどうしようと言うんでしょうか。でも飲んでしまっていました。

部屋中に酒の空き缶が散らかり、電話口からの異常な様子に気づいた当時の恋人が飛行機で駆けつけるまで、僕はその生活を続けていました。彼女が激怒しながら処分した空き缶は、一番大きいゴミ袋に3袋という量だったのを今でも覚えています。

机の上は空き缶の林のようになっていました。仕事を辞める、という判断は今考えると間違いではなかったのかもしれません。その後の起業という判断も正解だったとは言い難いですが、あの職場に残っても明るい未来はなかったでしょう。傷病手当や疾病休暇は取れたかもしれませんけどね。

そして、起業も一時の良いときはあったものの、つまるところ失敗に終わりました。

「僕はジョブズではない」ということにやっと気づいた

悲惨ですね。こうして言語化してみると、僕は実に模範的な死に方をしています。事態の表面化が遅れたため、最悪の時点で発達障害と向き合う羽目になったとも言えます。逆に言えば、この失敗を逆さにひっくり返すと、多少は正しいやり方が出力されるのではないでしょうか。

「俺は発達障害者で特殊な才能を持っている」というある種の信仰、例えばアップル創業者のスティーブ・ジョブズも発達障害者だったと言われることがありますが（明確な根拠はないようです）、ああいった神話的な人物と自分を重ね合わせる悪癖が抜けたのは、本当に最近のことです。

早期に自己の問題と正面から向き合い、対策を講じ、職場などの人々に対して、あるいは他者に対して共感的に敬意を持って接する。あるいは、自己の適性に見合った職場に就く。それだけのことができれば、もっとマシな人生があったのかもしれません。

あなたが僕みたいにならないと本当にいいな、と思います。発達障害の発現形は実に人それぞれで、この本に書かれているライフハックが必ずしも通じるとは限りません。でも、少なくとも「僕はこのように失敗した」という知見だけは、あなたに落とし穴の位置を伝える役目を果たせると思います。

それでも「やっていく」ために

現在の僕は、不動産屋の傭兵営業マンとして働いています。もちろん数々の失敗もありますが、職場にはそれなりに適応できています。「何でこんなことがほんの数年前の僕にはできなかったのだろう?」と、とても不思議に思います。

でも、できなかったんです。もしかしたら、少し発達したのかもしれません。もしくは、経験が増えて対応力が向上したのかもしれません。でも、できることなら同じタイプの苦しみをこの文章を読んでいる皆さんに味わって欲しくはないと思っています。

発達障害の特性を強く有したまま人生を駆け抜けていける人も、稀にいます。それはそれでとても素晴らしいことです。

しかし、僕を失敗に導いたのは、まさしくそのような発達障害者たちの神話でした。自分は突出した能力を持っていて、それひとつで社会を駆け抜けていけるのか。それとも、欠損を抱えた人間として社会に順応していく努力を重ねる必要があるのか。僕は今、明確に後者が自分であると認識して生きています。

僕はジョブズではない。エジソンでもない。社会の中で稼いで生きていくためには、己を社会の中に適応できる形に変化させていくしかない。言うなれば、呑み込むべき事実はたったそれだけなんです。それさえできれば、後は具体的にどうするかという戦略を組み立て、トライアンドエラーを繰り返すだけのことです。

この文章を書けるようになるまでに、取り返しのつかない時間が浪費されました。何をどう悔いても、時間は戻ってきません。20代は終わってしまいました。

とは言え、僕はまだ人生を諦める気はありません。神話的な発達障害者になることを諦めただけです。地道に愚直に積み上げることを今更ながら目指すだけです。

そして、ほんの少しでもあなたのお役に立てれば嬉しいです。その結果、この本が売れたらいいなと思います。事業は失敗しましたが、それでも商売人なので、お金は好きです。誰かの役に立って対価を貰えるって、とても嬉しいですよね。

このような人生を生きてきた人間が書いた本です。何卒最後までお付き合いください。やっていきましょう。

CONTENTS

第1章

自分を変えるな、「道具」に頼れ【仕事】

第2章 全ての会社は「部族」である【人間関係】

第3章 朝起きられず、夜寝られないあなたへ【生活習慣】

発達障害式「生活習慣」の原則

第4章

厄介な友、「薬・酒」とどう付き合うか【依存】

第5章

僕が「うつの底」から抜け出した方法【生存】

本文デザイン／二ノ宮匡
本文イラスト／ｍａｋｏｍｏ
編集協力／立石浩史

第1章

自分を変えるな、「道具」に頼れ

【仕事】

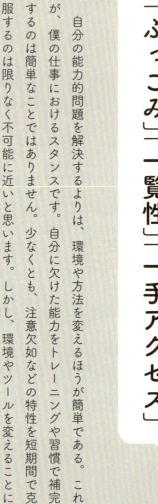

発達障害式「仕事」の原則

「ぶっこみ」「一覧性」「一手アクセス」

自分の能力的問題を解決するよりは、環境や方法を変えるほうが簡単である。これが、僕の仕事におけるスタンスです。自分に欠けた能力をトレーニングや習慣で補完するのは簡単なことではありません。少なくとも、注意欠如などの特性を短期間で克服するのは限りなく不可能に近いと思います。しかし、環境やツールを変えることによって大きな変化を起こすことは可能です。

例えば、西洋人に「箸で上手に食事をしろ」と要求したら、それなりに苦労はあると思います。しかし、フォークとナイフなら問題なく食事は摂れるでしょう。だったら、フォークとナイフを使えばいいじゃないですか。発達障害傾向のある方の業務適応も、これに似通った部分があります。

「訓練してもできないことはできない」と認める。これが、社会適応の第一歩になるでしょう。周囲と同じことをしても同じ結果が出ないのであれば、周囲とは違うことをするしかありません。それは多少不格好であっても、あるいは非常識であっても仕方がない。そう割り切ることが一番大事です。

「心を入れ替えて頑張ろう」と僕は何度誓ったか思い出せません。深刻な失敗をするたびに、自分の意志の弱さを、あるいは迂闊さを、あるいは注意欠如を責めました。でも、そんなことは何の役にも立ちませんでした。「書類をちゃんと整理しよう」と心に決めても、3日後にはまた書類の紛失が起こりました。悲壮な決意も固い誓いも、発達障害という問題の前ではいささかの力も持ちません。

だから、抜本的に「やり方を変える」のです。そして、「やり方を変える」には「道具を変える」「環境を変える」といったやり方が最も容易であると言えます。**自分はそう簡単には変わらない。だから自分以外のものを変えるのです。**

この本を手に取った皆さんは、発達障害があるか、あるいは自分は発達障害者なのではないかと疑っている、そんな感じだと思います。そんな皆さんにありがちなことですが、非常に自責の感情が強いのではないでしょうか。

しかし、断言します。自責は時間の無駄です。ただただ苦しいだけです。「ではどうするか」、それこそが問題なのです。

　僕にとって、仕事をする上での問題点は実に多岐にわたります。僕は注意欠如が非常に強く、多動もあります。集中は極めて散りやすく、また逆に一度没頭すると他のことが一切できなくなります。ＡＤＨＤにありがちな物事の先送り癖も強く、物の整理もあるいはタスクの整理も非常に苦手です。やるべきことが３つあったらもうわけがわからなくなってしまう人です。

「何でそんなミスをするんだ？」と言われ続けて生きてきました。「なぜもう少し頑張れないんだ？」と叱られ続けました。「忘れ物をするな」と怒られ続けました。しかし、「ミスをしないようにしよう」という決心も、「もっと頑張ろう」という決心も、断言しますが１ミリたりとも役には立ちませんでした。

　例えば、こういうことです。僕は「なぜハンカチを持っていないんだ」と会社で叱られたことがあります。「そうだな、ハンカチを持って行こう」とそのときは強く決意しました。しかし、僕はそれから３日連続でハンカチを持たずに出社し、上司に大いに呆れられました。

　しかし、その後僕は頭に来て、自宅のドアに大量のハンカチを画鋲で串刺しにしました。毎朝、出勤時にイヤでも目に入るという寸法です。かばんにも5枚ほどハンカチを突っ込みました。これ以降、僕がハンカチを忘れることはありませんでした。

また、「シャチハタ」もそうです。僕がかつて勤めていた職場は認印がなければ仕事にならないところだったのですが、シャチハタは個人で携帯しているので忘れてしまうこともありました。そこで、僕は同じシャチハタを5個購入し、かばんから机からポケットから、あらゆる場所にねじ込みました。

「そこまでやるか？」と思われるかもしれません。しかし、僕の仕事におけるハックは基本的に「そこまでやる」で構成されています。「決意」より遥かに実効性が高いのだから、やらない理由はありません。

僕は何もかもを失敗します。おそらく皆さんが「たまにうっかりやる」レベルのことを、僕は日常的に繰り返しながら生きています。シャワーに入るときは腕時計を外し忘れますし、出勤のときにはストーブを消し忘れます。家の鍵は気がついたら消滅しています。ガス代は払い忘れて止まり、歯医者の予約は寝過ごします。それが僕です。

しかし、現在僕はそれなりに何とかなっており、この本を書き上げることにも成功しました。そういったひとつひとつの積み上げが僕の仕事ハックです。

そういった多数の工夫の中に、それらに共通する基本概念が3つあることに僕は最近気づきました。これは特に「道具」に関わるハックにおいて非常に汎用性の高い概念ですが、少し理解を抽象化することによって「スケジュール」などにも応用が利く非常に便利なものです。

1　集約化（ぶっこみ）

2　一覧性

3　一手アクセス

この3つです。これに気づいたとき、「ADHD傾向の強い人間に使いやすい道具、適合した環境」などにひとつの答えが出た気がしました。

まず、「集約化」。これは、「バラバラに散った物は必ず失われる」ということです。例えば、僕はかばんをひとつしか使いません。複数のかばんに必要に応じて物を詰めて使い分けるということは、僕には100%不可能なことであると言えます。

「一覧性」は、全てを一目で見通せることです。覚えがありませんか？　重ねた書類や見えない物がどんどん失われていったことが。

そして、最後に「一手アクセス」。これは、「アクセスに障壁がある物は使えない物である」ということです。ひとつひとつの物に「すぐ手が届く」ことがとても大事です。溜め込んだ郵便物の中からガス代の請求書を探すことができず、あるいは探す気力がどうしても湧かず、ガスを止められて水風呂で過ごした。そんな経験が僕にはあります。

この3つを旨に、僕のツールハックは構築されています。しかし、「集約化」と「一覧性」はたいていの場合矛盾するでしょう。一箇所に全ての物品を「ぶっこめ」ば、見通しは当然悪くなります。そこで工夫が必要になるわけです。

そして、このハックには順序があります。まずは「集約化」から始めるべき、というのが僕の結論です。これは「容易なことから始めて少しずつ難度を上げていく」という一般的な原則に従っています。いきなり「トルコ行進曲」は弾けません。「きらきら星」から始めるべきです。

「とにかく、必要な物はこの中にある」、それだけで「世界のどこにあるかわからない」「部屋のどこにあるかわからない」よりは遥かにマシです。ここまでできるようになるだけで、生活には大きな変化が出てくるでしょう。然る後、一箇所に集約された物品に一覧性を持たせる工夫をする。そして、それぞれへのアクセス性を向上させていく。こういった順番で生活の、あるいは仕事上のハックを行っていくことを僕は推奨しています。それでは、僕が実際にやっているハックをご紹介します。

やっていきましょう。

Hack

01 「かばんぶっこみ」こそが最強の戦略である

あらゆる物がどこかに消える残念な人々へ

僕のツールハックの中でも、最も大きな効果が出たのがこの「かばん」です。僕が「普通のことが普通にできない」サラリーマン生活から抜け出せた一番の原動力は、このかばんにあると言っても過言ではありません。

ＡＤＨＤ傾向の強い人は、持ち物の管理が苦手なことが多いと思います。僕も大変苦手です。物をどこに収納したのか覚えておくのは本当に苦手ですし、パッキングも信じられないほど下手です。すぐにあらゆる物がどこかへ消えます。大事な書類も、大切にしたかった万年筆も、実印も、何もかもです。

そういうわけで、僕はこの「かばん」ハックに至るまで10個以上かばんを買い換えてきました。その上で、使いやすいかばんをどう選ぶかについての結論が出ました。もちろん、ここで採用されるのは冒頭でご紹介した3つの原則です。必要な、あるいは必要になるであろう物品全てを「ぶっこめ」るだけの容量を持ち、同時に一覧性が高く、またそれぞれへのアクセス性が高い。これを軸にかばんを選ぶ必要があります。

物品管理が苦手な皆さんは、つい「整理整頓」や「出し入れ」などの工夫で全てを解決しようとしがちで、僕もずっとその工夫につまずいてきました。しかし「必要なときに必要な物がない」というリスクの回避だけを考えるなら、「全ての物をひとつのかばんにぶっこんでおく」という習慣をつけて、それを持ち歩けばいいのです。一覧性の高いバッグを使えば、「重い」という問題はありますが、他はおおよそ解決します。

僕くらい重症のADHDになりますと、「かばんが軽いと不安」という状態です。そこで重たいかばんの中にはとにかく全てが入っている、だから安心、これさえ持っていれば何とかなる、と思えるようにするのです。

かばん選び、7つの条件

では、具体的に何を基準に選べばいいか。僕は長年の失敗により、以下の要件を満たすかばんを使えば仕事が大変楽になることがわかりました。

【条件①】十分な容量（集約化が可能）

僕は毎日かばんの中身を適切に入れ替えるという行為ができないので、物をどんどん入れていってもある程度の期間容量的に耐えられるかばんである必要があります。また、必要になりそうな物はあらかじめ全て入れておく戦略を取るため、こちらでも相応の容量を必要とします。どれくらいの容量が必要かは、あなたの仕事によります。

【条件②】開口部が大きい

僕は折り重なった物品の中から必要な物を見つけ出す能力が非常に低く、また収納も非常に苦手です。だからかばんは開口部が大きくて内部の一覧性が高く、可能な限り多くの物品に「一手でアクセスできる」ことが重要です。我々にとって「見えない物は存在しない物」です。折り重なって一覧性を失った物品は全て消滅すると考えてください。

逆に、例えば一般的なリュックサックのように内部の仕切りがなく、物を積み重ねて収納する前提のかばんは、全く使いこなせません。また、かばんの奥にある物を取り出すために手前の物を一度出さなければいけないというのも、非常に大きな紛失リスクになるため可能な限り回避したいです。

【条件③】自立する

支えていないと倒れるかばんはとにかく使いにくいです。中身を取り出すにも、あるいは床に置くにも非常に不便。倒れた拍子に中身が吐き出される悲劇は、もう繰り返したくありません。あれは本当に恥ずかしい。

開口部を全開にしたままでも自立することが大切です。僕は片手で何かを持って、もう片方の手で作業をするということが非常に苦手です。注意力が分散し、何もできなくなってしまうのです。かばんは何の心配もなく地面に放り出せるものに限ります。これは絶対です。

【条件④】頑丈である。重要物品の保護材が入っている

僕は仕事上ノートパソコンを持ち歩くのですが、「丁寧にかばんを使う」ことが苦手でどうしても取り回しが荒くなるので、破損防止の保護材が中に入っていることが必須です。落とす、ぶつけるは日常茶飯事なので。思い切り放り投げても大丈夫、くらいの強度は必須と言えます。僕はあらゆる物に衝突しながら歩く人間です……。ADHDの方には非常によくある傾向でしょう。

【条件⑤】内部は4つ以上に仕分けられ、かつそれぞれ独立の開口部がある

物を収納する場所をある程度でも仕分けておけば、その分取り出すのが楽になります。また、郵便局に出す、役所に提出する、誰かに渡すなどのタスクを失念したらまずい物品を収納する専用の場所も欲しいところ。そこが空であれば安心できます。

【条件⑥】A4のバインダーが最低でも4つ入るだけのサイズと容量

後述の書類管理ハックのために必要です。また、このエリアも独立していると望ましいです。

【条件⑦】小物が一手で取り出せる、大きく、一覧性の高いポケット

電卓、スマートフォンの予備バッテリー、押印マット、朱肉、巻尺など、「業務上すぐに取り出せる必要のあるアイテム」はそれなりに多いです。かばんの中から物を探すのが下手なので、これは可能な限りアクセスしやすい位置に配置したいところです。

発達障害にとっての「神かばん」はランドセル

この発想の根源になったのは、ADHDの皆さんの間で「これはADHDにとってのランドセルだ」と話題になっていた「ひらくPCバッグ」という商品です。「ペン立てみたいなバッグ」というテーマで開発された商品で、フタを開ければ中にある物が一望でき、ほぼ全てに一手でアクセスできるという、ADHDには大変ありがたいバッグです。

僕の理想のかばんの条件のうち、②〜④を満たしています。⑤も、開口部はひとつにまとまっているものの、仕分け性能は非常に高いので満たしていると考えていいかもしれません。

僕は客先でハンコやサインをいただく仕事が多いので、バインダーや書類があまり入らないかばんは採用できませんでしたが、かばんの容量がそれほど必要なく、ややカジュアルなワークスタイルが許される方には大変おすすめです。とにかく、取り出しと収納が圧倒的に楽になると思います。また、カフェなどで仕事をする方には非常に便利でしょう。なにせ、かばんを机に置けばそのまま作業ができるのですから。

僕が使っているのは、エースというメーカーの「ACE GENE EVL-2.5」というかばんです。「一覧性」という点では「ひらくPCバッグ」にやや遅れをとるところはありますが、全ての開口部を全開にすればそれなりに内部は見通せる形の、冒頭の要件を満たす商品です。

お値段は少々張りますが、大変使いやすいです。他のメーカーをもっと探せば、もしかしたらもっと安価な物が見つかるかもしれません。

発達障害者のための理想のかばん

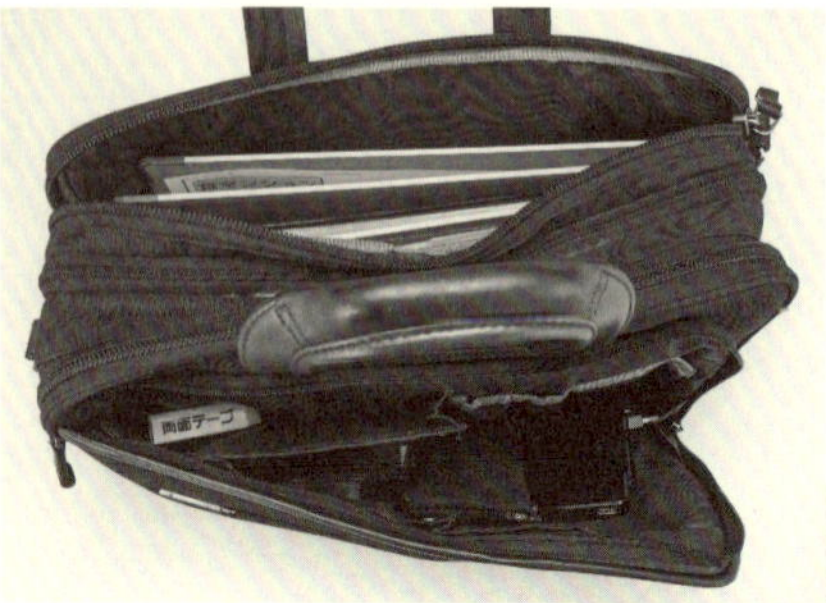

7つの条件を全て満たした著者愛用の「ACE GENE EVL-2.5」（現在は後続モデルの「ace.　EVL-3.5」が発売中）。

「ひらくPCバッグ」。荷物が少ない人にはこちらもおすすめ。

ガチガチのビジネスユースを目的にした商品ですので、オフィスコードもまず問題ないでしょう。スマートさには欠けるかもしれませんが、そういうものは求めるべくもない人生であることを僕は自覚しています。

重たいかばんは安心の証。ここには全てが詰まっていて、僕にも中身が見通せる。それは、人生にかけがえのない便利さを与えてくれました。僕のハックの中でも非常に効果が高かったのがこの「かばん」ハックです。

混乱したかばんの中身は、混乱した頭の中身です。逆に言えば、かばんが整えば頭が整う。世界が少しだけ、それでもとても効果的に変化すると思います。ぜひ、試してみてください。

まとめ

- かばんの重さは安心の証。全てをぶっこめ！
- スマートさは諦めろ！　実用本位！
- ＡＤＨＤ傾向の強い人のためのかばん、絶対に需要はあると思います。メーカーさん、ぜひ作ってください

Hack
02 「バインダーもりもり作戦」で書類の神隠しを防ぐ

かばんの中の「神隠し」対策

書類もかばんと原則は同じで、「集約化（ぶっこみ）」が重要です。これは、後述する僕の大学時代のハック「全てのノートを1冊でとる」と全く同じ原理です。紛失したりするよりは、とにかく「存在している」ことが大事なのです。

ただ、書類は薄くて「大切なときになくなる」という生き物ですので、かばんやノートよりもさらに工夫が必要です。あいつらは基本的に油断したら逃げ出すタイプのやつだと認識してください。

僕はもともと、案件をクリアファイルに分けてとにかく突っ込むという方針を採用していたのですが、この方法は一覧性が低く、かばんの中でよく「神隠し」が発生します。客先で必死に探しても見つからなかった書類が、家に帰ったらポロッと出てくる。そういう苦労はもう懲り懲りです。

クリアファイルが使えない発達障害者にとって、とてつもなく便利なのが「バインダー」です。僕は、現在進行している仕事の流れごとに書類をそれぞれひとつずつのバインダーにセットして、持ち歩いています。さすがの僕でも、バインダーの4つや5つであれば、管理可能です。

そして、これは「**バインダーを全部取り出せば、今自分が抱えている仕事の書類の流れが一望できる**」ということにもなります。現代人はとても忙しいので、大体3つや4つの仕事を並行してやっていると思いますし、僕も営業マンとして1日に3〜4件客先を回ることはザラにあるのですが、その程度の数のバインダーはそのままかばんに入ります。もちろん、先述の「大きなかばん」であればですが。

これは本当に便利です。僕はまさに「仕事を自宅に持ち帰った結果、書類を紛失する名人」だったのですが、このハックを採用してからは驚くほど頻度が減りました。裸の書類は確実に紛失しますし、クリアファイルもよくなくす僕でもさすがにバインダーは紛失しないようです。

このハックのさらに便利なところは、お客様からサインを貰ったりハンコを貰ったりするのに、バインダーがあればそのままやれるということです。

客先で書類を裸で出してハンコを貰おうとする営業マン、結構いますよね。僕は車のボンネットの上で契約印を押してもらったことがあります。僕は全く気にしませんが、世の中の人はこういう気遣いの不足を結構気にするようです。風が吹く野外で書類を確認してもらったり、あるいは参照しながら作業をしなければならなかったりする仕事もありますよね。これもバインダーひとつで完全に楽になります。というか、ないと本当に大変です。

オマケに、大きめの事務用クリップをひとつバインダーに挟んでおくとベターです。風が吹いても書類をホールドできます。お客様の前で書類がバタバタするの、格好悪いですよね。

このバインダーハックの利点はそれに留まりません。そのまま机上に積んでも、書類の管理が大変やりやすくなります。僕は、これで書類の紛失が劇的に減りました。デメリットは「大きい」ということだけですが、我慢できる範囲だと思います。少なくとも、机上にさまざまな書類を十字に重ねていくあのやり方では、僕は間違いなく全てが混ざり合い、不思議な現象が起きて一部が消滅します。

分けることは分かること

金融機関に勤めていたときに「分けることは分かることだ」という指導をいただきました。これはまさしく金言だと思います。しかし、僕は一般の人たち程度の「分け方」では見失ってしまう。「徹底的に分ける」のが基本なのです。

普通の人たちは、ひとつの書類入れに複数の仕事の書類をまとめて入れても必要なときに取り出せるのだと思います。しかし、それは僕には全く不可能なことです。A社の仕事はバインダー①、B社の仕事はバインダー②、そのようにして分けることが必要です。しかし、「分けた」物の場所が分散してしまうと、それは必ず見失われてしまう。**「仕分けられた」上で「一箇所にまとめて保管されている」、この状態がベスト**です。集約化、一覧性、一手アクセス。そういうことですね。

バインダー単位であれば、一覧性もかなり確保できます。クリアファイルに入れた

１案件につき、１バインダーで管理する

特に大切な書類は、折りたたむ形のバインダーに挟む（写真右）。

だけの書類と比べて、探しやすさの差は歴然です。バインダーの一番上にクリアファイルを挟んでおけば、汚損や折れもほぼ回避できます。

僕は、オフィスでも書類管理と仕事の進行管理にこのバインダーハックを採用しています。

増えるときは、机上に10個くらいバインダーが重なります。最初は奇異な目で見ていた上司も、最近はバインダーを使い始めました。「ね、便利でしょ」と密かに思っています。社外に書類を持ち出すことも多いのですが、バインダー単位で仕事の進捗を把握できているので、書類の持ち出し忘れな

どもほぼありません。

薄型バインダーがNGの理由

このバインダーハックでは「バインダーが薄型ならもっと良いのでは？」という発想になるかもしれませんが、極薄型のバインダーはあまり推奨できません。ホールド力が足りないし、ホールドできる書類の枚数も足りないからです。

ただ、ひとつの仕事が5枚以下の書類で完結しがちで、しかも多少の折れなどが発生しても問題ない職場であれば、採用もあり得るかもしれません。何せ薄いので、「大量にかばんに入る」というメリットはあります。バインダーはたくさん持ち歩ければ持ち歩けるほど便利ですからね。

なお、僕の場合はドキュメントファイルなどによる書類管理は完全に不可能です。ドキュメントファイルを開けて、適切な場所に書類を収納するという行為はどれだけ訓練してもできるようになりませんでした。**できないことはやりません。**とりあえず全部突っ込んでおけばどっかにはある。それでいいのです。

書類が整理されれば、もちろん頭も整理されます。仕事の流れも整理されます。頭がグチャグチャになったときは、かばんの整理を行う。そういう習慣をつけることで、タスクが重なり合ったとき特有のあのパニックと、上手に向き合うことができるでしょう。

まとめ

- 書類はとにかく全部バインダーに挟め
- クリアファイルは一覧性不足！　だから書類が「神隠し」に遭う
- 出かけるときはバインダーごと持ち出せ。そうすればすぐに見つかるし、紛失しない

Hack 03 「メモができない」僕らのための手帳術

ちょっとした「短期タスク」を忘れてしまう人々へ

「住民税を払う」「ガス代を払い込む」「メールを返信する」。こういう「短期タスク」を処理することが、我々には存外できません。「特に明確な理由はないが住民税を1年払い込まずにいたらものすごい延滞金が発生した」みたいな悲しいエピソードを持っている方も多いでしょう。

僕もです。こういった短期タスクの管理はとても難しい。何せ細かい。いっぱいある。でも、やらないと何らかの形で怒られが発生します。生活をきちんとやれない皆さんに社会が牙をむきます。役所の牙は本当に痛い。

僕も、市役所で「発達障害があって住民税の支払いが遅れたんですが……。いや特に明確な理由はないんですけど、ＡＤＨＤにありがちな……」というお話をしてみたことがありますが、「それは大変お気の毒ですが」という枕をつけて、結局延滞金も取られました。ご対応ありがとうございました。次は遅れずに払います。

そういうわけで、困ったときの３原則。とりあえず情報の入力先を「集約化（ぶっこみ）」しましょう。「用途ごとに複数のツールを使い分ける」というのはデキる人のやり方です。「必要な物はとりあえず一箇所に集約する」をひたすら繰り返して言っていますが、最も重要な基本戦略です。

そのためのツールとして、おすすめは紙の手帳です。仕事用の手帳とプライベート用の手帳を分けるみたいなことはおすすめしません。「あれ？　あの締め切り日いつだったっけ？」みたいな状況が発生した場合、探す場所は一箇所以上に増やすべきではありません。

僕にとって手帳は、「タスク管理の道具」と「メモ帳」を兼ねた情報記録媒体です。**一番大事なのはスーツの胸ポケットに無理なく収納できること**（これも「一手アクセス」ですね）。「必要なときにかばんから手帳を取り出す」というタスクは、僕には

手帳はメモ帳部分が多いものを選ぶ

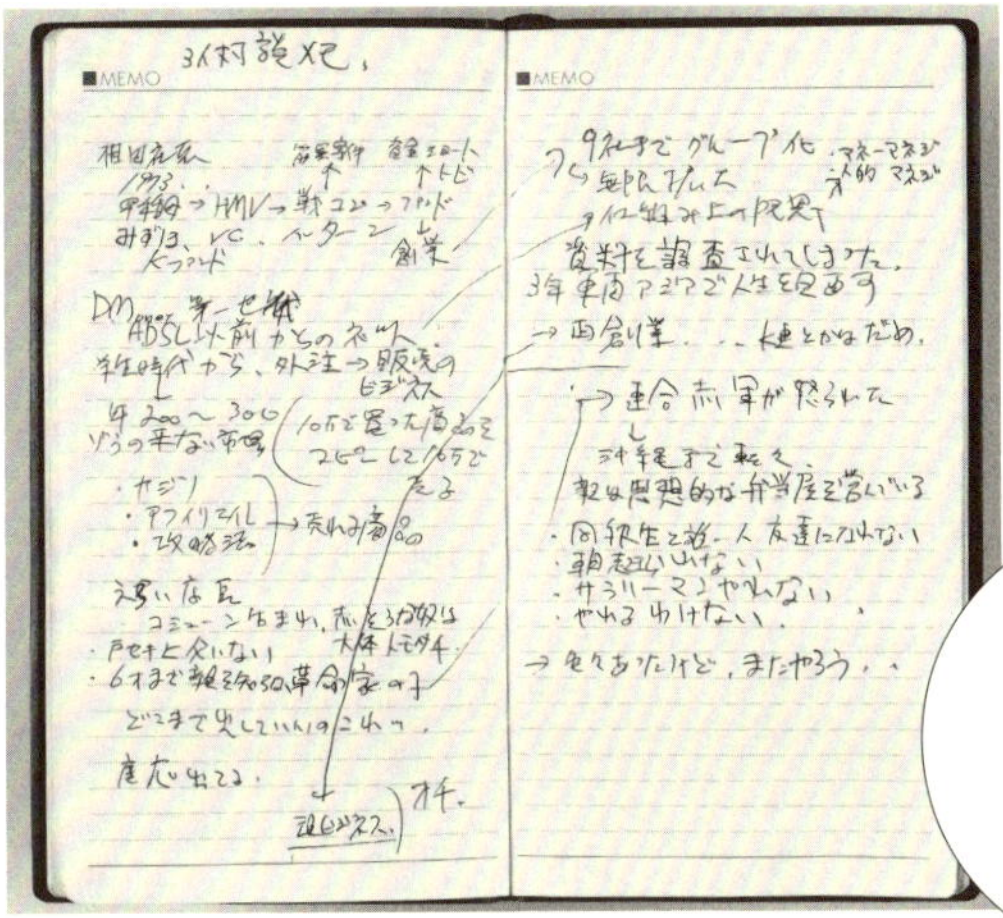

メモは汚くてもどこに書いてもいいので、とにかく書き留める。

実行不可能です。「後でメモしよう」と思った結果、全ては忘却の淵に流れ落ち、ハチャメチャな怒られが発生します。

　そして、**メモ欄が大量にあることも必須**です。手帳の前半はスケジュール欄、後半はたっぷりのメモ欄というシンプルな構成が理想です。業務に必要な情報は絶対にこの手帳の中にある。そういう状態が大切になります。

　一時は打ち合わせの際などに大判のノートを使っていたこともあるのですが、これはもう明確に「書いても二度と見返さないし、どこかに消える」という状態になったのでやめました。情報記録媒体が2個になった時点で僕の脳は完全にフロウするようです。しかも、使用頻度が高くないのでかばんの中に入れっぱなしになり、存在を忘れます。

そういうわけで、結論としてはパイロットのパーソナルダイアリー「パーソナル2」という手帳が僕のベストです。胸ポケットに無理なく入る薄さ、全体の7割以上がメモ欄というコンパクトさに反比例する情報入力量。僕にとっては完璧な1冊です。

手帳はメモ欄が切れたら何回も買い足す

僕はこの手帳を大体3～4カ月に1冊使い切ってしまいます。ですから、年度の初めに3～4冊買い溜めることになります。買い溜めたけれど、それを紛失してまた買う羽目になることもありますが、500円程度という安さなので気になりません。都度買いに行けばいいだろ、と思われたでしょうが、僕は非常に曖昧な理由で必要な物を買いに行けないことがよくあるので、とりあえず紛失リスクを承知で買っておいて損はないのです。いや、損はしていますが。

そして、**使い終わった手帳は、明らかにその中の情報が不要になったと判断される**

までかばんの中に入れっぱなしです。年度の終わりには3冊ほどの手帳がかばんに入っていることになりますが、特に困るサイズではありません。

現在使っている1冊を、僕はいついかなるときも手放しません。皆さんも、財布とスマートフォンは常に手放さないと思いますが、ここに僕の場合は「手帳」が加わります。これは、実はそう難しくありません。日常の必須アイテムが2個から3個に増えるだけです。ジーンズのお尻のポケットにねじ込んでいても問題ないタフなやつです。プライベートも仕事も1冊の手帳で全て乗り切ります。

ちなみに、僕は1冊のノートを使い切ったことが大学生になるまで一度もありませんでした。なお、消しゴムを1個使い切ったことは人生でいまだに一度もありません。とにかく次から次へと紛失するのです。しかも、必要なときに必要なノートが手元にあることなんてほとんどあり得ませんでした。結果として、大量のノートに情報がバラバラに分散し、ノートを見返すなんていうことは常に不可能だったわけです。

大学受験までの勉強で、自分のノートを見返した記憶は一度もありません。ノートは消滅するものです。そういうわけで、僕は「ノートを取らない」という方針で高校までを乗り切りました。

大学時代は、全ての授業を大判の分厚い1冊のノートで記録していました。大学はさすがに授業の記録を一切保存しない方針では単位が取れませんので、ノートは読み返さなくていいやというわけにはいきません。

この方法なら、あらゆる情報がグチャグチャに混ざり合ってはいますが、とにかく1冊のノートにまとまってはいる。気合を入れれば吸い出すことは可能です。これが僕にできることの中ではベストだったのです。

通学かばんの中に常に入れっぱなしにしておけば、忘れる心配も少ない。大判ノートなので、家で使うことがあっても紛失しにくかったです。大学4年間でノートを紛失したことは一度もありませんでした。かばんそのものは2回紛失しましたが……。

これは、3原則の「集約化」のみを行っていた状態と言えるでしょう。しかし、これだけでも世界は大きく変化しました。おかげで、僕はそこそこ良いと言える成績で大学を卒業できました。このハックに気づかなかったらどうなったか、考えるだけでも恐ろしいです。1年目はこのハックに気づかず、かなり悲惨な成績になりましたし……。

メモはどのページに書いてもいい

手帳に情報を書き込むときは、「可能ならメモ欄の最新のページ、でも余裕がない状態なら最悪どこに書いてもいい」という覚悟で使います。この程度のページ数の手帳なら、「どこかに情報がある」という前提で探し出せます。「とにかく情報を書き込む」ことが重要です。このハードルを上げると僕は情報を書き込まなくなるので。「美しく書こう」なんていう感覚は論外です。

この「美しく書く」罠にハマってる人、結構いると思います。僕は補習塾の講師をやっていたこともあるのですが、ノートが非常にきれいな子は成績があまり芳しくない傾向にありました。おそらく「きれいにノートを取る」ことにメモリの多くを費やしているのです。「読めりゃいいんだ、そんなもん。というか、読めなくてもいいんだよ。君がノートを読めないときに教えるのが僕の仕事なんだから。とにかくゴリゴリ書け！」と指導するだけで変化が生まれる子が結構いました。

芸術的なノートを取った結果、破滅的な点数を取る子供は案外います。あれは一番辛い話です。

「手帳」も結構この傾向があります。僕の友人に遅刻魔の発達障害者がいましたが、おそろしくきれいに予定を手帳に書き込んでいました。おそらく、ＡＳＤ的なこだわり傾向が結果につながっていなかったのだと思います。

読めればいいし、最悪読めなくても書き込まれていないよりはいい。書いてさえいれば記憶には残りやすいですし、グチャグチャの字も必死で読めばいくらかの情報を読み取れるかもしれません。少なくとも、そこに「思い出すべき情報があった」ことだけは記録に残っています。後は、大急ぎで電話して「すいません、もう1回教えてください」でＯＫなんです。

大体の情報は「申し訳ございません」で回収できるのです。

まとめ

- 手帳は胸ポケットに入るサイズを買え
- 仕事もプライベートも、絶対に全てを1冊に書き込め
- 汚くても読めなくてもいいから、とにかく書け

Hack

04 アイデアを出すときは「大きな白紙」を用意しよう

アイデアノートは大きければ大きいほどいい

発想を書き留めたり、思考したりするためのノートに関しては、僕には手帳とは全く別の原則があります。ノートは大きければ大きいほどいいです。僕は、何かを書きながら考えるときには大判のスケッチブックを使います。よく美大生が持ち歩いているあれです。この本のプロットも、まさにそのスケッチブックに書いています。

実は「小さくて携帯性の良い手帳」に「大量のメモ欄」を求めるのは、この項で説明する内容と大きく関係しています。手帳に関して、携帯性は譲れないがそれでも大量のメモ欄が欲しい、その理由についてのお話です。

ＡＤＨＤである僕の思考は、非常にとっちらかっています。この文章のように整然と右から左へ、あるいは上から下へ流れていくものではありません。ひとつの発想が幾重にも分岐し、また回帰し、絡み合いながら広がっていく思考の形態には、ノートの罫線は邪魔以外の何物でもなく、また通常のサイズではその広がりを受け止め切れません。**「大きな白紙」こそが、思考を広げていくのに最も適している**のです。

僕にちょっとだけ良いところがあるとしたら、それは「アイデアマン」であるということと、計画立案をするのが非常に得意ということです。「こんなビジネスで儲けませんか？」という話をデッチ上げることに関して、あるいは「こんなやり方はどうですか？」と提案することに関して、僕は幸いに一定の評価をいただいています。ただでさえ欠点まみれの人間なので、わずかな利点は生かし切っていく必要がある。そうは思いませんか？

では、それを具体的にどうするか。僕はこの本を書くに当たって、まず白紙のド真ん中に「生存」と書きました。その「生存」から矢印を引いて、「どんな風に」と書きました。そこから「人間関係」「仕事」「生活習慣」「依存」といった概念が生まれました。そこからさらに、この本の各章に書き並べたハックに細分化していきました。

僕の脳は、とにかくさまざまな思考や発想が同時並行的に渦巻いています。これはＡＤＨＤ傾向の皆さんに一般的に見られる傾向だと思います。だから僕は、「喋りなさい」と言われたら無限に喋り続けることができる人です。ひとつの発想が別の発想につながり、またそれがさらなる発想につながる。思考が次から次へと連鎖していく速度と飛距離こそ、僕の数少ない優れたところです。ＡＤＨＤの方にはこれが得意な人がやはり多い気がします。

しかし、この能力にはひとつとても大きな欠陥があります。自分が何を考えていたのか思い出せなくなる、ということです。ややもすると、単なるハイスピードカラ回りになってしまう。この本を読んでいる皆さんなら、考えれば考えるほど回し車の上を泣きながら走るような気持ちになった経験、ありますよね？

これを防ぐためには、外部記憶媒体に記録を残す以外の方法はありません。会社を経営していた頃は、僕がひたすら喋り続け、部下がその記録を取り続け、一定の時間でやめて最後にその記録を２人で見返しながら具体的な計画に落とし込むという方針を採用していましたが、１人でこんなことを行うのは到底不可能です。

この本の構想を書いたアイデアメモ

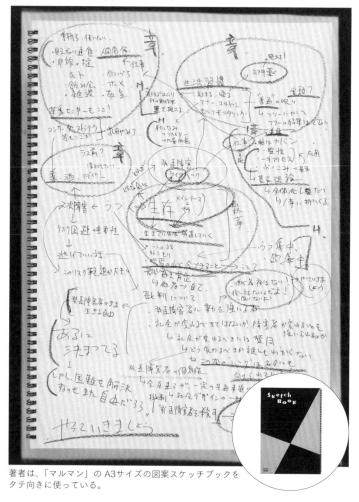

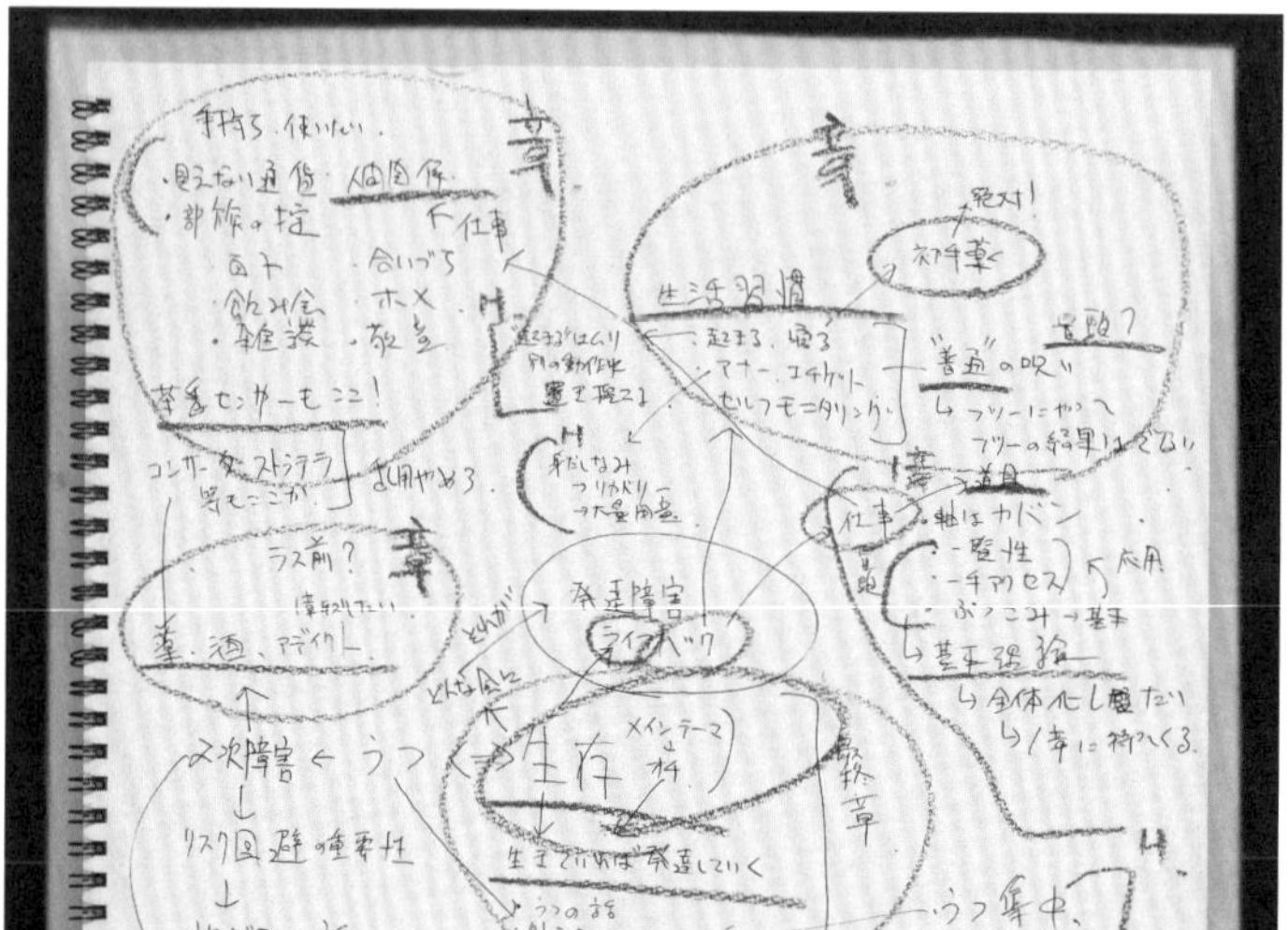

著者は、「マルマン」のA3サイズの図案スケッチブックをタテ向きに使っている。

かと言って、「ノートをまとめる」というのも非常に難しいのです。奔流のような思考は、ノートに書き留める手のスピードを大きく上回ります。また、僕の思考は積み上げるというよりはあっちこっちに飛び散ってまた戻ってきて、を繰り返す性質があります。それは、整然とした形にまとまるものでは決してありません。

そこで冒頭のハックになります。大きな紙に、発想が連鎖するままに矢印で単語や短い文章を連ねながら360度広げていくのです。「型にはまらない発想」と言えば聞こえがいいですが、実際のところアウトプットの奔流を制御できていないだけです。しかし、その奔流の中から使えるものを拾っていく以外に、この使い勝手の悪い脳を活用していく方法はありません。

具体的に、「この本のドラフト」の写真を添付しますので、大変汚いものでお目汚しかと思いますが、ご参考にしていただければと思います。

人生に苦しんだときにも、白紙のスケッチブックが使える

そしてもうひとつ。もし、あなたがこの「大きな白紙に360度思考を広げる」の

であれば、**その中心になる言葉（この本の場合は「生存」です）**は、**可能な限りポジティブなものにする**ことをおすすめします。例えば、僕が会社経営で追い詰められたときには、いつも白紙の真ん中に「打開」と書くところから思考を始めました。そこから、資金繰りであるとか人繰りであるとか、赤字事業の損切りであるとか、新しい借り入れの計画とかに思考を広げていくのです。

僕の会社経営の後半は非常にしんどいもので、「現状をとにかく把握してひとつひとつ打開策を考えよう」と心に決めるだけでもストレスで吐いてしまうような状態でした。自分の会社の現状の問題点を箇条書きにするなんていうのは、本当に地獄のような作業です。

しかし、まずは「打開」という概念を中心に据え、そこから思考をひとつひとつ広げていく。これならば、「もうダメだ」「こんなことになったのは全部僕が無能だからだ」「こんなことをするべきではなかった、もう死んでしまいたい」みたいな思考をある程度追い払うことができます。

皆さんが人生に苦しんだとき、ぜひ試して欲しい思考の広げ方です。僕は「打開」が好みですが、ここは皆さんのお好みのポジティブな言葉から始めればいいでしょう。僕は辛いことがあるたびに、人生に迷うたびに、いつもこの「儀式」を行っています。白紙が文字で埋め尽くされる頃には、頭の中が整理されて次に取るべき行動が見えてくる。とてもおすすめできるハックです。

そして、このハックにも「集約化」「一覧性」（なるべく大きい1枚の紙に書く）、一手アクセス（全ての情報が一目で見通せる）が見て取れることに注目していただきたいと思います。

あの3原則は、具体的な「道具」に留まらず、抽象的な「思考」などにも適用可能なのです。

まとめ

- **アイデアノートは大きいほどいい**
- **ノートはきれいに取るな。思いつくまま書きなぐれ**
- **人生に迷ったら、白い紙の中心に「打開」と書こう。必ず解決策が見つかる**

Hack

05 さらば、片づけ地獄！「本質ボックス」と「神棚ハック」

発達障害の収納は、箱ひとつでいい

さて、くどいほどお話しする3原則。最も基礎になるのは「集約化（ぶっこみ）」であるというお話はすでにしましたが、この基礎を最も明確に用いた「片づけハック」がこの「本質ボックス」です。本質ボックスは、本質のあるボックスです。本質を入れることができます。本質が入っています。

あなたのお部屋には「行き場のない物品」が溢れているのではないでしょうか。

例えば、引越しで家具を組み立てた後のドライバーセット。どこに置いておけばいいかよくわからないと思います。そして、あなたは思い立ってどこかにそれを収納し、二度と思い出しません。埋められたドングリは、時々芽を出して立派な爆弾に育ちます。「おいおい、あれがないと大変なことになるんだよ！」と言いながら部屋中を探し回った経験のない方はあまりいないと思います。

いざというときに必要な物がない。とても辛いことです。ええ、会社実印が契約当日見つからない。僕もそんな人生でした。ご融資いただく銀行の皆様に「ＡＤＨＤ」という概念を理解していただくのは難しいので、とても辛いことになりました。

はい、そこで便利な概念が「本質ボックス」です。本質ボックスは、１００均ショップなどで購入することができます。

サイズは任意です。アクリル製でもダンボールでも、適当な箱を1個買ってください。行き場のない物品はとりあえずその中にぶっこんでおけばいいのです。使い終わって「どこに収納しようか？」と思ったら、本質ボックスにポーンです。

使用頻度の低い、居場所の定まらない物品は全てこの箱の中に放り込む。たったこれだけのことで生活が劇的に変わります。ちなみにこの命名は、この本を書くきっかけにもなった、大変重い発達障害と極めて高い知能を両立する方によるものです。「まさしく！」と思ったものです。**とにかく、買ってぶっこめ。溢れたら整理しろ。それ**

だけのことで、世界はとても大きく変わります。「本質ボックスの中にはある」という安心感は他に代え難いものがあります。

本質ボックスが増えてしまったらどうする？

なおこのハックにはひとつ欠点があり、「本質ボックス自体が増えて本質を失う」という現象が起こりがちです。

僕のツイッターフォロワーが「本質ボックスです」とアップロードした写真には、10個を超える本質ボックスが写し出されていました。

これは大分本質を見失っている可能性があります。もう少しで本質ルームになってしまう。本質ルームは典型的な発達障害者の部屋ですが、ここまで大きくなると本質は失われてしまいます。本質にはサイズ的な制約があるのです。もちろん、その制約は個人差があります。

僕の場合、本質ボックスは3つです。それぞれの箱には「雑多」「仕事」「貴重品」と書かれています。「雑多」は最もサイズが大きく、「仕事」はそれに次ぎます。ドリ

僕の家の「本質ボックス」

本質ボックスは3つまで。大、中、小で用途を分けると便利。

ルとか電ノコとかクランプとかが入っています。会社を経営していると必要になりがちですよね。

「貴重品」は小さめの箱で、さすがにこればかりは部屋のちょっとわかりにくいところに隠してあります。

サイズ的制約がないのであれば「部屋の中にありさえすればいい」ということになるので、このハックは不要になりますよね。しかし、あなたの部屋には小型ブラックホールがいくつか存在しているはずです。そいつらに大事な物品を吸い込ませないための本質ボックスです。

使う頻度の高い物は「聖別」しよう

さて、「本質ボックス」は使用頻度の比較的低い物を収納するためのハックでした。では、使用頻度の高い物はどうすればいいでしょうか。

これについては僕もほんの数カ月前まで確定的なハックを出せずにいました。ジッポーライターも電子煙草もどこかに消えてしまう。万年筆もすぐに神隠しに遭ってしまった。それは仕方ないかな、100円ライターを使えばいいかな、と思っていました。アイコスは諦めるかな、ボールペンは安いのを使うかな……と。

しかし、これには例外があります。僕には「普段から持ち歩くが、そうそう紛失はしない物」が2つあるのです。「財布」と「スマートフォン」です。かばんを丸ごと紛失したことはあっても、僕はこの2つを紛失したことはありません。これは、冷静に考えるととても不思議なことです。使用頻度が高いのだから、紛失頻度も一番高いのが妥当なはずです。

この点についてツイッターに書いてみたところ、第n回緊急ADHD会議が持たれ

（実にしばしば持たれます）、結構多くのＡＤＨＤに共通する現象であることがわかってきました。「確かになくさない物品がある」という声が多数寄せられたのです。

この現象について僕は**「聖別」**という名前をつけました。よくわからない理由でとにかく他の物品とは違う位階を与えられた物があり、その数には個人差がある、と。僕は２つですが、３つ以上の人もいました。「車の鍵はなくさない」という人もいました。ちなみに僕はなくします。バイクの鍵が見つからないから電車で出かけるというのは、とてもよくあることです。

おばあちゃん流「大事な物は神棚に置け」

この「聖別」を意図的に起こすことができれば、それは恐ろしく便利です。高価な万年筆を持ち歩くという長年の夢が叶う可能性があります。

僕はその方法について考えてみました。そこで思い出したのが、僕の祖母のことです。祖母は、大事な物品を神棚に置くという、僕にとってよくわからない行動をしていました。例えば、実印とか通帳とか中国株を運用する投資信託のあれとか（その後、

僕の家の「神棚」

机の上の「神棚」に置いて拝むようにすると、大切なものをなくさなくなった。

それは面白い値動きをして面白いことになりました。本人はあまり面白くなかったかもしれないですが)。

よくわからない現象を起こすにはよくわからないこと、すなわち儀式をやってみるというのが世界的な原則です。そういうわけで、僕はとりあえず部屋に神棚を作ってみました。**机のスペースの一部を仕切ってクリーンに保ち、「神棚」と名づけた**のです。

そこにひとまず名刺入れ(最も聖別する必要のあるアイテムでした)、ネクタイピン、腕時計、スマートフォンの予備電源などを置いてみました。毎日帰ってきたらそこに置き、効果はよくわからないけれど毎日拝んでみました。祖母がそうしていたように。

僕自身も驚いたのですが、すごい効果が出ました。

僕はそれらの物をなくさず、必要なときに持ち出し、またそこに戻すことができるようになったのです。名刺入れとネクタイピン、それにボールペンは完全な「聖別」に成功し、定期購入する必要がなくなりました。ネクタイピンやペンは定期購入すればいいですが、「名刺入れ」は紛失すると場合によっては結構危ないので、これは本当に助かりました。おかげで、僕は現在ちょっといいペンを使っています。とても書き味が良いです。

「聖別」された紛失リスクの小さいアイテムを5個くらいまで増やすと、生活の利便性はちょっと信じられないくらい向上します。ツイッターでも「効果が出た」という声がいくつも見られました。ぜひとも試してください。

まとめ

- 片づけに迷ったら、全部ひとつの箱にぶっこめ！
- 本質ボックスは、3つまでに収めよう
- よく使う細かい物は、「神棚」にお供えしよう

Hack

06 「クリーンスペース」が頭の混乱を消してくれる

「モニター2つと、L字型の机」を用意せよ

自宅のパソコン、モニターはいくつ使っていますか。え、ひとつ？　それはダメです。大至急もうひとつ買ってきてください。２つでも構いません。

例えば複数のエクセルブックをまたいで作業するとき、シートを重ねて作業できる人の気持ちが僕には一切理解できません。だって一覧性がないじゃないですか！　アクセスも一手じゃない。もちろん、スペースもまるで足りません。全ての情報を集約化（ぶっこみ）できないことになります（ちなみに、エクセルはスタートから再度プログラムを起動すると重ねずに開けます。使いましょう）。

見えない物は存在しないのと同じです。閉じたシートにあった情報なんて、脳に置いておけません。僕の短期記憶はどうしようもないのです。できないことはできない。

ゆえに、この原稿もドラフトを第二モニターに映しながら書いています。大変快適です。逆に、ノートパソコンだと作業効率が8割くらい落ちます。こういうADHDにありがちな状態を、僕は「メモリが小さい」と表現しています。専門用語でもワーキングメモリ、とか言うらしいですね。

これを鍛えるためにいろいろやってみましたが、僕にはほとんど効果はありませんでした。それよりも、ワーキングメモリをあまり必要としない作業環境を構築するほうがよっぽど早いのです。早く僕の脳に刺さる追加メモリを開発して欲しい。スロットがないかもしれませんが……。

さて、そんなわけでパソコンのモニターから自宅の机まで、あらゆる作業スペースは**「分けて広げる」が絶対原則**です。そのために、僕はL字型の机を使っています。すいません、ちょっと見栄を張りました。L字型机は結構お値段が張ったので、中古オフィス用具店で買った机を2つ組み合わせて「L字」と言い張っています。これがね、ちょっと信じられないくらい便利なんです。

作業スペースは、作業ごとに分ける

というのも、パソコンのキーボードが置かれた机ってどうしても作業スペースが制約されるじゃないですか。

どうせ我々のことだ、上にいろいろな物がすぐゴチャゴチャに散らかる。そういう状況で作業が捗るかというと、そういうわけにもいきません。このクソ狭い机で書類なんぞ書けるか！　気が狂ってしまうわ！　片づけろ？　無理に決まってんだろ！

そういう問題を解決するのがこのL字型机、あるいは執務机2個組み合わせハックです。ほとんど何も置かれていない「クリーンな机」をひとつ、普段のパソコン作業等に使う机をひとつ用意すればいいわけです。「クリーンな机」があるだけで、作業能率も紛失等の発生リスクもちょっとびっくりするくらい改善します。

これは、今思うとバリバリのＡＳＤであった祖父から得た発想です。彼は機械いじりが大得意だったのですが、**「作業スペースは常にクリーンに保て。作業が終わった**

L字型デスクの使い方

机をL字型に組み合わせ、ひとつをクリーンに保つ。

らネジひとつ残すな」と常々僕を叱っていました。「ネジひとつ」が重大な結果をもたらす工作において、彼の鉄則は心底正しいことだったと思います。ハンコひとつが重大な結果をもたらす僕においても、それは間違いなく正しいでしょう。

　パソコンも同様に、モニターひとつ目のデスクトップはゴチャゴチャでも最悪構いません。でも、もうひとつのデスクトップは常に清潔さを保ってください。これは簡単なはずです。ゴチャゴチャのほうにぶちこめばいいのですから。大事な物、なくせない物、作業中の物を「クリーンな」デスクトップに置けばいいのです。

混乱した作業スペースは、我々の混乱した脳そのものです。逆に言えば、作業スペースがクリーンならば、我々の脳もそれなりにクリーンになるのです。

ちなみに、この「クリーンスペース」ハックを究極まで突き詰めたのが「**クリーンルーム**」です。クリーンルームとは、言い換えれば「何もない部屋」。僕は3LDKの今の家に引っ越したときからひと部屋だけ、「絶対に何も置かない、何も持ち込まない」と決めた部屋を設けています。そして本当に集中して作業したいときだけ、身ひとつでこの部屋に入るのです。物件の部屋数によっては現実的ではないので全員にはおすすめしませんが、部屋ごとクリーンが一番シンプルで楽なのは確かです。

なお、僕の祖父はテレビのリモコンが定位置から20センチ動くと脳がバグッてしまう人でした。〝クリーン〟はほどほどに。

まとめ

- **作業スペースは多少力技でも広く、クリーンに**
- **机もパソコンのモニターも、2つ用意してひとつをクリーンに**

Hack 07 「手をつけられない」を5秒で解決する「儀式」

「やるぞァァァ!」で済ませてきたあなたへ

例えば、プロジェクト単位の仕事や資格試験の勉強のように数カ月〜1年で終わらせるべきタスク……鬼門です。これが完璧に管理できるなら、人生大体うまくいくよ、くらいの難易度があります。

とりあえず皆さんの長期タスクに対する基本的なプランについてですが、僕は詳しいですよ。まず、「よっしゃやるぞ!」って思いますよね。そして、おもむろに期間の3割〜半分程度をドブにぶっこみますよね。期間の2割程度を空費したあたりから焦燥感が発生し、長期タスクに手をつけることがますますイヤになってくる一方、それが気がかりで日常生活にも支障が出てきます。「やらなきゃ。でもまだ時間あるし……やらなきゃ……」。そして、残り時間が半分〜3割を切ったあたりでおもむろに「やるぞァァア！」みたいな気持ちを起こし、いいほうのシナリオでは過集中がガンガン発生し、細かいことはよくわからないけど成果は出た、という感じになります。

悪いシナリオは特に記述しなくてもいいですよね……。

結局、「何かわかんないけど何とかなった」みたいなことになっても、再現性は基本的にないので、いつもそうなるとは思わないほうがいいでしょう。何とかなることがないわけではないですが、何ともならないときは何ともならないものです。

しかし、あの「何とかなった！」は常習性があるんですね。1回成功体験を作ると、確実に「癖になる」のです。皆さん、思い当たる節はありませんか。ありますよね。

何が何でも手をつけるために

僕らの人生、「何かやる気がどうしても出なかった」というあれがなければたいていうまくいくのではないでしょうか。長期的にモチベーションを維持し、一定の作業効率を維持するというのはそれだけ難しいことで、実際問題これが100％できる人間なんてまずいないでしょう。

しかし、僕も少しずつではありますがこれに対応する方法を覚えてきました。まず、第一ですが「**とりあえず手をつける**」がとても重要な概念です。

例えば長期の休養期間（という名のダラつきタイムなど）を挟んでしまい、作業効率が再度低下し、予定も大崩れしてしまった。これは本当によくあることだと思います。

モチベーションが低下した状態から再びタスクの処理に戻る場合ですが、邪魔者が山ほどいると思います。机の上は片づいていないし、メールは返していないし、洗濯物も溜まっているでしょう。それらに触ったら終わりです。わかりますね？

僕がよくやっている机の上を5秒で片づける「儀式」を伝授しますので、よく覚えておいてください。

①まず机の上に腕を置きます。

机の上を５秒で片付ける「儀式」

机の上に腕を置き、腕を右か左にスライドさせる。

②次に、その腕を右もしくは左に大きくスライドさせます。

③大量に物が落下しますが、作業スペースだけは確保できるはずです。後から拾えばいいんです。

このハックは、「やってやったぜ！」という爽快感がすさまじいです。「俺はここまでしてやるのだ」という脳の中に湧き出すあれが、あなたの手を動かします。

どうすれば「ハマる」状態を作り出せるのか

長期タスクをやり遂げる第二のポイントは、「**ハマる状態を作り出す**」ことです。

長期タスクは取り掛かった序盤が圧倒的に苦しいです。作業効率は悪いですし、全体像も見えないまま、とにかく手を動かさなければならない。進捗も達成感もほとんど感じられないでしょう。それを突破して、全体の見通しが立った段階を僕は「千里の半ば」と定義しています。

とにかく、この千里の半ばまで到達することが一番大事です。僕や皆さんが心ならずも爆死した長期タスクを考えてみると、たいてい「半ば」まで到達していないと思います。逆に言えば、「半ば」までやり込んでいたなら「今さら後に引けないんだ、すでに時間と金をぶっこんでしまったんだ……」というあれが発生しているはずですし、やめるのもそれはそれで難しいはずです。

この心理を利用することで、意図的に「ハマる」を作り出すことができます。

皆さんはギャンブルをしたことがありますか。例えば、パチンコなんかをやったことがある人はわかると思いますが、人間が強力なモチベーションを手に入れるのは「取り返したい」というときです。「欲しい」という感情より「取り返したい」という感情のほうが、何十倍も強いのです。

卑近な喩えで恐縮ですが、パチンコで3000円負けているときに携帯電話が鳴り、気の置けない友人から楽しい飲み会の誘いが入ったら、僕はおそらくパチンコを打ち切ってもっと楽しい飲み会に出ると思います。

しかしこれが3万円負けている状態だったら、自分の判断がどうなるかは自信が持てません。ギャンブルは負ければ負けるほど、「損失を取り返したい」という心理が強くなるのです。

そういうわけで元来衝動性が強く、依存に陥りやすい僕は現在ほとんどギャンブルをやらなくなったのですが、この「悪しき習性」を良い方向に利用することが可能であることに気づきました。いい意味での「サンクコスト効果」と言ってもいいかもしれません。

これを具体的なメソッドに落とし込むにはどうしたらいいか。簡単です。パチンコは500円ずつの投資がどんどん積み重なって、ついに後に引けない額になる。これと同様に、**毎日、あるいは毎週少しずつコストの投下を繰り返していく**のです。これは金銭的コストと労力的コストの両方を含みます。というよりは、この2つを組み合わせることでより効果的に強化することができます。

例えば、参考書を買い揃えるなら一時に全てを購入するのではなく、1冊ずつ揃えていく。また、学習も思い立って1日丸ごと勉強するのではなく、1日30分だけやる。ほとんどそれが無為に終わったとしても、繰り返すことが重要です。

まとめ

- **仕事を始めるときは、「儀式」をうまく使え**
- **とにかく、「千里の半ば」までやれ。そうすれば自然にやめられなくなる**

Hack 08

記憶力がヤバい僕の「人の顔と名前」の覚え方

毎日会う上司の顔さえおぼろげです

最近僕は「名刺」を作りました。「借金玉」の名刺です。借金玉として受けるお仕事が増えたので、どうしても必要になってしまいました。そこには僕のキメ台詞である「やっていきましょう」、日頃の粗相を詫びる「いろいろあっていつもすいません」「雑な仕事と儲け話大歓迎」などが記載されています。

これは、僕自身が「人の顔を覚えるのが苦手」「人の名前を覚えるのが苦手」という大変社会人向きでない特質を持っているからこそ、その特質を持った人にも「覚えてもらおう」という気持ちを込めています。

例えば誰かに挨拶をするにしても、あるいはちょっとした敬意を示すにも、「その人が誰だかわからない」では洒落になりません。しかし、僕はとにかく視覚情報の処理がどうしようもなくダメなのです。これは多分「物を探せない」などとも通底する問題なのでしょうが、目から入ってきた情報が全く記憶できません。正直、毎日会う上司の顔すらおぼろげです。

一方で、僕は「概念」を覚えるのが得意です。この本も、後述する「部族の掟」とか「茶番センサー」であるとか、覚えやすさを重視した概念がたくさん登場します。こういうものをコレクションするのは僕の趣味です。

これはささやかなお話ですが、ツイッターで「ポリコレ棒」という単語を思いついて遊んでいたら、異常に流行した上に辞書にまで載ってしまいました。政治の絡む話なのであまり深くは書きませんし、いろいろあってログも残っていないのであれですが、とにかく「キャッチーな概念」というのは人間の記憶に深く残るものなのです。

当然、僕の「借金玉」というおかしな名前もそれを企図してつけたものです。僕の本名はイトウだとかスズキだとかそういう感じのよくあるものなのですが、「イトウさんの顔」は覚えにくくても「借金玉のツラ」は覚えやすい。

思い出してみてください。クラスに1人はいた非常にユーモラスなあだ名をつけられていたあいつの顔、大して親しくもないのに妙にクッキリ覚えていませんか。

「人の顔の覚え方」に僕はこれを採用しています。要するに、こっそり「あだ名をつける」のです。具体例で言うと、「欠食児童」「カマボコ」「判定負け」などがあります。大変失礼な単語のオンパレードですが、こういうのが覚えやすいのでどうか許してもらいたい。辛辣なあだ名ほど人間を印象づけるものはありません。この技術で一世を風靡した芸能人もいらっしゃいましたよね。

名刺は顔を思い出す最強ツール

そう、名刺にこれを書けばいいのです。僕は人と名刺交換をした後、暇さえあればこの作業をやります。そして、あだ名をつけるという前提で人間を観察していると、自然に顔が頭に入るようになります。「視覚情報」と「概念」が統合されるのです。そして、ちょっと楽しいので苦にならない。

「んー、このエブチさんは……カマボコ！」と決めた瞬間、その2つがピタッと結びつきます。やっていることは小学生レベルですが、僕としては大変切実な作業です。**よりキャッチーであればキャッチーであるほど（言い換えれば失礼であるほうが）視覚情報と概念の結びつきが強くなるので、結果として「失礼」をする可能性が減るの**です。

このハックは本当に効きます。おかしなツイッターネームの人、例えば友人ですと「新宿太郎総帥」という方がいらっしゃいますが、もう、1回会ったら顔と名前を一切忘れませんでした。「総帥」ってなんやねん、という気持ちが概念と視覚を結びつけるのです。多分「借金玉」と会ったことがある皆さんも、結構僕の顔を覚えてくれているのではないでしょうか。

自ら「借金玉」と名乗る僕の根性に免じて、この無礼なハックをお許し願いたいと思います。なお、僕の名刺入れは非公開です。絶対に公開しません。

まとめ

- **人の顔と名前を覚えられないのは、発達障害あるあるです**
- **名刺にあだ名をメモする。そのために、相手をよく観察しよう**

Hack

09 なぜあなたは「休む」のが下手なのか？

最も重要なスケジュールとは何か？

人生において最も重要なスケジュールとは何でしょう。我々の人生に絶対に欠かすことのできないタスク。生きるために最も必要なもの。手帳のスケジュール欄に一番先に書き込んで確保すべき予定は何なのか。

これはもう本当に明確で、「休養」だと思います。休まなければ人は死にます。そして、「休む」というタスクの実行はあらゆるタスクの中で最も容易だと言えます。

「何もしない」という最優先タスクから予定を考えていくことが一番重要、という結論に僕は達しました。というのも、我々は往々にして休養を取るのが下手だからです。

僕は、人生の大半において「休養」を「スケジュールを何とか帳尻合わせする余剰時間」として認識してきました。

こういうことです。例えば、今日が金曜日で締め切りが月曜日の必達タスクがある。この場合、我々はほぼ確実に日曜日の夜、そのタスクに取り掛かることになるでしょう。そして、3時間で終わると踏んでいたタスクは予想外に長引き、月曜の朝に何もかも終わった体調で世界と向き合う羽目になる。そういうことって多いですよね。

僕は、サラリーマン時代に会社から「宿題」を出されたとき、実にしばしばこのような事態に陥り、運が良ければひどい寝不足を抱えて、最悪の場合は全く終わっていない「宿題」を抱えて出社することになりました。あれはとても辛いものです……。

「日曜日は完璧な休養というタスクがあるので、土曜の夜までに必達タスクを終えておかねばならない」。そういう認識でいれば避けられたことだと思います。

日曜の夜に徹夜でタスクをこなして迎える月曜日の絶望、皆さんも覚えがあるのではないでしょうか。この場合、必達タスクを頭に抱えながら過ごす土曜日も全く休養になっていません。焦燥感にジリジリと焼かれながら、結局動けずに過ごすあの時間、一切回復していないのは覚えがありますよね？

そういうわけで、「この日は休む」「この時間まで休む」という予定を真っ先にスケジュール帳に書き込む、という極めてシンプルなライフハックをおすすめいたします。そして、休養は神聖不可侵なる必達タスクであり、他の何かが入り込む余地はないと心得ましょう。

ここで重要なのは、「完璧な休日」はまさに「完璧な休日」である必要があるということです。具体的に言えば、**ワイシャツをクリーニングに出したり、付き合い飲みに出たり、部屋を掃除したりするのは「完璧な休日」ではありません。**それは別のタスクです。月に何日の「完璧な休日」が必要かは人によるでしょうが、最低3日は取ることを心からおすすめします。そして、スケジュールを組む段階で「絶対にこの日は休む」と定義してしまいましょう。

これは、起業されたりあるいはフリーランスだったり自営だったりする皆さんにとって最も重要な概念だと思います。というのも、「休養は優先度一位だ」と腹を括っておかないと休みなんてマジで取れません。

これは僕の特質なのかある種の症状なのかはわかりませんが、休まないと動けなくなることはわかり切っているくせに妙に付き合いがよく、誰かに何かを頼まれたり飲み会に誘われたりしたら「休みが取れなくなるな……」と思いながらもつい安請け合いをしてしまう悪癖もあります。衝動性の強いＡＤＨＤ傾向の皆さんにはあるあるではないかと思います。

意志を持って「休む」というタスクをこなす

月末には、とにかく翌月の「休養日」を定義しましょう。そして、それは「スケジュール」であり「タスク」ですから、厳密に守りましょう。ＡＤＨＤ度合いの強い人は「まずこれだけ」でもいいです。明らかに変化が出てきます。

まずはここからです。「予定通り何もしなかった！」という達成感と、「今日休むことには何の罪悪感もない」という免罪符をまず勝ち取りましょう。本当に回復度合いに差が出ますよ。

スケジュール管理は、「予定通りこなせた」という達成感が積み上がっていくと好循環に入ります。ですから、まずは休みという最も達成の容易なタスクをスケジュール帳に書き留めましょう。そして、そのタスクを必ず達成すると決めましょう。「休むべき日に休むべくして休む」、これが我々の目標です。
「休養を取る」というタスクをこなすにも意志の力が必要で、適切な休養を取らなければ人間はどんどん崩れていきます。これを大事にしてください。必達タスクの第一位は休養。これだけは忘れないでください。

まとめ

- 休養は、優先度ナンバーワンのタスク
- ワイシャツをクリーニングに出したり、付き合いの飲み会がある休日は休日ではない
- 休むと決めたら絶対に休め

第2章

全ての会社は「部族」である

【人間関係】

発達障害式「人間関係」の原則

あなたが所属する「部族の掟」を知ろう

空気、読めますか。僕は読めません。

空気が読めないという症状はどちらかと言えばASDに多い症状だと言いますが、ADHDの診断を受けている僕も「空気が読めない」と言われ続けて生きてきました。そういうわけで、初めて勤めた会社でも空気を読み損なって大失敗しました。

かつて新卒として就職したときは、「そもそも仕事ができない」などの大問題はあったのですが、それに加えて常軌を逸した空気の読めなさを遺憾なく発揮し、新卒としては記録的な速度で職場の嫌われ者になることに成功。見事誰も好意的に接してくれない、必要な情報すら回ってこないという状況に到達しました。本当に早かった。3カ月とかからなかったですね。結果、僕は2年もたずに職場から敗走することになりました。

例えば、僕は新人歓迎会で上司にお酌をせず、ひたすら飲んでいました。料理の取り分けなど一切やりませんでした。そういったささやかな積み重ねが、1日を台なしに、1年を台なしにしました。

職場というのは、言うなればひとつの部族です。このことをまずしっかりと理解してください。

そこは外部と隔絶された独自のカルチャーが育まれる場所です。そして、そこで働く人の多くはそのカルチャーにもはや疑いを持っていません。あるいは、疑いを持つこと自体がタブーとされていることすらあります。それはもう正しいとか間違っているみたいな概念を超えて、ひとつの「トライブ（部族）」のあり方そのものなんです。

言うまでもありませんが、それは排他的な力を持ちます。**部族の掟に従わない者は仲間ではない**、そのような力が働きます。

これまで僕は自分の会社も含めて金融機関から飲食店、不動産屋まで、それなりの数の職場を見てきましたが、職場におけるカルチャーというのは本当に千差万別です。コモンセンスも、あるいは価値観も、仕事の進め方も何もかもが全く別物です。

例えば、ハンコの押し方ひとつ取ってもそうです。ある会社では、「上司に渡す書類には完璧に押されたハンコが必要である」と信仰されています。そのハンコは、少しだけ上司の押す場所に向かって傾いているのが望ましい（おじぎなどの概念が導入されます）とされていたりします。

また、ある会社ではハンコなんてものは赤いシミがあればそれで十分とされていたりもします。判読不能なハンコを押された書類が何の問題もなく流通している職場も、僕は見たことがあります。

「空気を読む」とは、そのような部族の中に流れるカルチャーをいち早く読み取り、順応する能力です。僕にはこの能力が完全に欠けていました。欠けているだけならまだしも、そもそも順応する気がなかった。僕の失敗の一番致命的なところはそこだと思います。

仕事というのは、テキストと向かい合って情報をインプットするような作業とは全く別物です。例外はあるでしょうが、現場の日常業務というのは「誰かに教えてもらう」もしくは「見て盗む」のような習得方法が往々にして必要になります。

そして、**業務習得や遂行の最高の潤滑油は「好意」**です。業務上関わる多くの人間に好意を持たれることにさえ成功していれば、ハードルは一気に低くなります。もちろん、逆も然りです。悪意を持たれた時点で、本当に大変なことになります。

僕の記憶に最も強く刻まれた部族の風習として、「新人はAKBをコスプレフル装備で踊る」というものがあります。僕は職場を辞めて以来、ことあるごとに「くたばれ」「クソが」「最悪だ」「全焼しろ」「テロの対象になれ」と各所でこの風習をこきおろし続けてきたのですが、退職から6年以上が経過して「あれは一種のイニシエーションだったのだろうな」と思うようになりました。今思えば、もっと一生懸命振り付けを覚えて、「僕はあなたの部族の一員になりたいです」とアピールしていれば違った未来があったのかもしれません。

僕は現在、とても小さくて、よく言えばアットホームな会社で働いています。そして、ここもまた部族なので「これはどうなんだ」と思うような風習がないではありません。しかし、僕自身も自分の会社を興し、コカすという経験を経て経営者にとても自然な敬意が払えるようになりました（僕の会社では、上司とはすなわち経営者です）。何はともあれ、この人たちは会社組織を維持し、仕事を得て利益を出し、僕に給与を払っている。それだけで敬意を示す理由は十分である。それを真っ直ぐに示すだけで、本当にいろいろなことがうまくいくようになりました。

もちろん、物事には限度があります。絶対に受け入れられない風習というものも存在し得るでしょう。僕も、今もう一度ＡＫＢを踊れと言われたらかなり悩み込むと思います。

世の中には「浜辺で全裸で踊り狂う」とか「致死的な量の酒を飲む」みたいな、そりゃさすがに尊重できねえわ、としか言いようのない文化を持った部族も存在します。**給与や社会的な評価などを天秤にかけ、合わなければ即座に逃走しましょう。**

また、部族の風習が法的に問題のある行為だったりすることもたまにあると思います。法治国家の住人として為すべきことを為しましょう。しかし、受け入れられるものはとりあえず尊重しましょう。それだけで、本当に多くのものが変わります。

一生懸命日本語を喋ろうとする外国人が好ましく映るように、その姿勢は伝わるものだと思います。まずは受け入れ、そして模倣しましょう。そして、敬意を示しましょう。生き残るために。

やっていきましょう。

Hack

10 人間関係の価値基盤「見えない通貨」

なぜあなたの人間関係は破綻してしまうのか？

部族という社会でやっていくときに、最も重要なことは何でしょうか？

どんな人間関係も、短期から中期的に必ず破綻する。そんな人生を送っている人は多いと思います。かくいう僕も、そのような人生を送って来たタイプです。

ある日突然相手が怒り出す。ある日突然相手から連絡を無視される。ある日突然連絡先をブロックされる。あるときから、飲み会に誘われなくなる。こういった辛い経験が何度もあります。

だから、人間関係を次々とホップしてこれまで暮らしてきました。ジョブホッパーならぬ、**コミュニティーホッパー**です。

でも、そうなってしまう原因が何なのか、長らく僕にはわかりませんでした。「自分の何が原因でネガティブな結果が発生するのか」ということを理解するのはとても難しいことです。「おまえのそういうところが悪い」と直截的に指摘してくれる人というのはそんなに多くはありません。指摘してくれたとしても、それが正しいとは限りません。

しかし、固定化された人間関係の中で成果を出し続けなければならないのが仕事というものです。そういうときにどうしのぐか。これはずいぶん長いこと僕にとっての大きな課題でした。

起業して人間関係が楽になった、根本的理由

話は少し飛びますが、僕は起業に失敗した人間ですけれど、それでも起業をして以来、対人コミュニケーションに関しては一気に楽になったと感じました。それは、「金」というこの上なく明瞭な価値基盤を前提にした人間関係が増えたからです。

「金」は商売人にとって間違いなく共有できるモノサシです。そして、空気を読めない発達障害者の僕でも「金」ならわかる。与えれば喜ばれ、損をさせれば嫌われる。

商人の合言葉は「一緒に儲けましょう」です。全員がルールの明確なゲームに興じているので、ゲームプレイヤーとしての価値を持っていれば排除されることはまずありません。もちろん、プレイヤーとしての価値がなければどんどん排除されますが、それはそれで当たり前のことに過ぎません。麻雀で言うと「ハコがワレたらトビ」というお話です。大変よく理解できます。

むき出しのビジネスの世界は、「空気が読めない」人間にある意味でやさしいと言えます。なにせ、金の流れさえ読めれば基本は大丈夫なのですから。

ヒエラルキーも友好関係も利害関係も、例外はありますが、大体は要するに金の話です（とは言え、限定された情報から金の流れを読むのも簡単なことではないのですが、空気よりは読みやすいです）。

そして、多少奇矯なところのある人間でも、あるいは空気の読めない人間であっても、最終的に登場人物に利益を供与できる人間であれば好かれることが可能です。そりゃそうですよね。利益を持ってくるやつが一番好ましいに決まっている。商売しているんですから。

「見えない通貨」とは何か？

さて、商売人同士であれば、金という共通の価値基盤があるから極めてコミュニケーションがとりやすいということがわかりました。そして人間関係を維持する方法も明確でした。利益を与える、あるいは与える可能性のある存在であれば関係は続きます。もちろん、与える利益以上の不快感を与えるなどしていれば関係は切れますが。

一方で、金を介さない人間関係では共通の価値基盤が非常に不明瞭です。「一緒に儲けましょう」とか「あなたに（金銭的な）得をさせます」というアプローチでは、人間関係は構築できません。構築できたとしても、それは商売人としての人間関係ですね。

これが「人間関係のルールがわからない」というものの正体だと思います。あなたや僕にはよくわからない価値の体系が存在し、我々はそのゲームの中でルールもわからないままに負け続けている。そういうことでしょう。そこで、商売人がコミュニケーションの価値基盤として利用する「金」みたいなものが流通しているという仮定を考えてみました。

この、**人間の間で流通する金ではない何かを僕は「見えない通貨」と呼んでいます。**曖昧な人間関係も、通貨にするとわかりやすくなる。そういう意味で名づけました。

例えば、あなたは誰かにちょっとした親切をしてもらった。あなたは親切をしてくれた人を訪ねて「本当にありがとうございました。助かりました」とお礼をした。これは金を介してはいませんが、ある種の取引が完了しているわけです。あなたは「お礼」という行動で「親切」という商品に対して対価を支払ったことになります。後述しますが、この「お礼」は人間社会に流通する中で最も重要な「見えない通貨」のひとつです。

もちろん、「親切にしてもらったからといってお礼をしなければならない」という決まりはありません。頼んだわけでもないことに何で礼を言わなければならないんだ、という考え方はもちろん一理あります。しかし、問題はあなたの属する、あるいは属したいと考えている共同体が「お礼を言わない」という行為をどのように捉えるかだと思います。これは、場所によっては「商品購入の対価を支払わなかった」みたいな罪科として捉えられている場合も多いですね。

そう考えてみると、「見えない通貨」による決済はかなり便利です。「ありがとうございます。感謝します」で購入可能な商品って、個人差はありますが思った以上に多いんです。「他人の親切に礼は言わない」というポリシーを実装して社会を生きていくということは、小額決済手段がひとつ封じられたも同然ということになります。皆がＰＡＳＭＯでスイスイ抜けて行く改札に毎回ガツンガツン引っかかることになるでしょう。

人は与えたものに対価が支払われないと、怒る

人間は他者に与えたものに対して対価が支払われなかったとき、大変強い怒りを覚えます。観察の結果、そう考えるのが妥当だと僕は思いました。

親切にしてやったのに礼がないという怒りは、僕がかつて想像していたより遥かに深い。それは、商売人が商品を渡したのに対価が払われなかったときの怒りにすら近いのかもしれません。個人差はあるだろうけれど、大体それくらいの怒りだろうと僕

は想定しています。

僕は基本的に、自分が他人に親切にするときには特段対価を期待せずに生きてきました。「別にお礼を言われるつもりはないですよ。返したいなら何か役に立つもので返してよ」。そういう風にやってきました。だから、この辺は極めて雑に生きてきたと思います。

同様に、相手がしてくれたささやかな親切や好意に対して、僕は間違いなくきちんとした支払いをせずに生きてきました。そこに取引があったことにすら気づいていなかった気がします。考えてみれば、人間関係の上手なあの人もあの人も、僕がプレゼントしたささやかな親切に如才なくお礼を返して来ました。そりゃ、人間関係も破綻しますよね……。

もちろんこの「見えない通貨」は、部族によって違います。ウェイウェイ広告代理店の皆さんの間では「ウェイ」と言ったら「ウェイ」と返すのが通貨なのかもしれませんし、ラッパーの間では「現場」と言ったら「叩き上げ」と返すのが通貨なのかもしれません。こういうテンプレート的なコミュニケーション作法も一種の「見えない通貨」です。ほぼこういった「お約束」みたいなコミュニケーションで回っているように見えるコミュニティーすらあります。
「空気の読める人」はこの辺を意識せずにやれるようですが、僕から見ると信じられない能力です。僕が30年かけて言語化した能力を生まれつき持っているのはズルいよ、というのが本音ですが。それでも、少しずつやっていくしかありません。「あいつは不器用だけど、努力はしているのが見える」という評価だけでも得られれば、相当人生はマシになります。やって損はありません。見えない通貨を介した取引がそこにある。そういう認識を持つことで人間関係はかなり大きく変化します。

まとめ

- **部族の人間関係には「見えない通貨」が流通している**
- **人は、与えたものに対価が支払われないと怒る**

Hack

11 部族の三大通貨①褒め上げ

——褒めるとは、「音ゲー」である

「仕事を教わる」にも対価を払う

「見えない通貨」にもいろいろありますが、この世にはこれを払わなかったらその時点でとんでもないビハインドを食らうアレが存在しています。

この世で最もシンプルで、どの職場でも使える最強の「見えない通貨」。それは、「**褒め上げ**」「**面子**」「**挨拶**」の3つです。この3つを覚えれば、人間関係における9割の問題は解決すると言ってもいい。ぜひ覚えておいてください。

先輩が後輩に仕事を教えるのは業務ですよね。だからそれは当たり前のことで特段の感謝や敬意を示す必要などない。かつての僕の基本的な考え方はこうでした。

しかし、これは大損をする考え方です。今なら「そりゃそうだ」と思えるのですが、当時は全く気づけませんでした。ここまでの話を総合すれば、ここで出てくるお話は大方想像がつくと思います。

「仕事を教わる」という商品は、一見タダに見えて決してタダではありません。教えてもらった分量に対して、感謝と敬意という対価を正しい方法で支払う。これが一番楽なやり方です。え？　先輩の仕事の教え方がクソすぎて感謝が全く湧いてこないですか？　まぁそういうことはよくありますよね。

ところで、その先輩に「おまえの指導はクソだわ、全くわからねえ。おまえそもそもこの仕事理解してる？　そういう風には全く見えねえんだけど」とか言ったとして、得ってあり得ますかね？　多分、僕が想像する限りないと思います。そのレベルのことをやるなら、もう上司に直訴するほうがよっぽどスマートです。

人間を、それも自分より目上の人間を批判した結果、人間がポジティブな方向に変化する。こういうことは、あまり期待しないほうがいいと思います。正直、目下であっても大して期待値はないですね。アルバイト時代から目上を批判することが大得意なフレンズとして生きてきた僕が言うんだから、間違いありません。

ごく稀に「面白いやつだな」と認識されて得をしたこともなくはないですが、再現性を期待できるほどの確率ではありませんでした。1回だけですね（分母は15とかです。大学時代のライフワークは喧嘩してアルバイトを辞めることでした）。

仮に先輩の指導方法に問題があるとしても、感謝と敬意を支払って良好な関係を築いてから指摘したほうが得です。仕事の習得がうまくいかず先輩がイライラしだしたとして、その先輩に対してポジティブな結果を期待できるアプローチは基本的にこれしかないと思います。

いえ、ムッとした顔をして見せたらコミュニケーション方法を切り替えてくる人もたまにはいますが、基本的にはあまり期待はできません。1回軽くやってみて、ダメなら撤退することをすすめます。

褒めて、褒めて、褒め上げよ

そして、ここで「敬意」を示すスキルとして重要なのが「褒める」です。

仕事を教えてくれる先輩と過ごす時間は必然的に長くなります。先輩としても、話していて気持ちのいい相手にはやさしくなるでしょうし、その逆は言うまでもありません。そのために、「敬意を示す」から「褒め上げる」にシームレスに移行していくことをおすすめいたします。

一応仕事を教える立場で、「すごいですね」と言う機会がゼロという人はそうそういません（たまにはいます）。そういう機会を目ざとく見つけて「さすがですね」「勉強になります」などと歯の浮くような言葉を放り込んでいきましょう。

「褒める」と聞くとたいていの人はレトリックのほうを重視しがちですが、重要なのはむしろタイミングです。音ゲーに近いですね。相手が「これを承認して欲しい」というタイミングで、前記のような言葉を放り込みましょう。具体的には「どうだ、俺スゴいだろ?」と相手がドヤッているとき、その人の得意なもの、専門的な知識などが披露されたときは間違いありません。人によっては大変わかりにくいですが、じっくり観察していると自分が放り込んだ言葉が「ミス！」なのか「グッド！」なのか、あるいは「エクセレント！」なのかわかってきます。さらに、褒め上げは1、2回うまくいくと連鎖的にどんどん簡単になります。相手の警戒心が解けるからです。

逆に、表現を工夫して言葉で褒め上げるのはかなり上級のテクニックです。ある程度良好な関係が形成され、「こいつは本気で俺を賞賛している」と認識してくれれば通用しやすくなりますが、まずはタイミングです。これは「大して仕事はできないけどみんなに愛されているあいつ」などのサンプルが近くにいたら参考にしてみてください。かなりの確率でこれを実行しているはずです。

スマホに、自分に合った「褒め」を5パターン用意する

今のスマホには、録音アプリが入れられます。本気っぽく聞こえる賞賛のひと言に関しては、自分に合ったパターンを5個くらい練習しておくといいです。僕は、

・え、それホントですか?
・それは……すごいですね（真顔で……の間を取る）
・勉強になります。
・すごい。
・うらやましいです。

の5つを暗記しています。とってもベタですが、これで足りてしまうんです。発声練習はしないとなかなかスッと言葉は出ません。やりましょう。人間は自分の声に対してかなり評価が厳しいです。自分で聞いて、「うん、気持ち悪くない。本気っぽく聞こえる」と思えれば、結構いいレベルに来ていると思います。実戦投入しましょう。

仕事の習得のやり方は業種によってさまざまだと思いますので、一般化したライフハックを提示するのは不可能です。しかし、誰かに仕事を教わるという要素があれば、このライフハックは大体どこでも使えます。また、これを少し応用すれば「別部署の人間と協働する」などのときもかなりスムーズに仕事ができると思います。

まとめ

- 仕事を教えてもらうのはタダではない
- 褒めるところがない先輩でも、ちゃんと褒めよう
- 褒める語彙は必要ない。大事なのはタイミング

Hack

12 部族の三大通貨②面子

――「俺は聞いてないおじさん」が発生する理由

ボス猿にボコボコにされないために

僕が勤務していた金融機関では、自分の部署の関係者全員に話を通して仕事の協力を依頼するときに、

・誰から順番に話を通していくか
・誰の意見を最も尊重するか

ということが極めて重要な概念でした。その場のパワーバランスに配慮して、「顔を立てる」という支払いをしなければ物事が円滑に進まないわけです。

課長と係長ならわかりやすいですが、係長が2人いたらどうするべきでしょう。こ

こを判断するには、部族の掟を観察する他ありません。平担当者にも当然序列はあります。

「俺はその話を聞いてないぞ」と言いながら、よくわからないエラいおじさんが話に介入してきてシッチャカメッチャカになった経験って、誰もがあるのではないでしょうか。あれは、「俺の面子を潰しやがって」と怒っているのです。「俺に支払いがなかったぞ」と怒っているのです。どうです？　実にわかりやすいものでしょう。上手にやっていきましょう。

面子を立てるとは、部族の掟に従い「私はあなたに敬意を払い、顔を立てるべき相手と認識しています」という表明をすることです。あなたは見えない通貨で対価を支払い、相手に協力を依頼したわけです。

いますよね。ちょっと顔を立て損ねると不機嫌になる上司。自分を飛ばして話が進んだらぷりぷり怒り出す人。当時は意味不明だと思っていましたが、今はわかります。あれは「自分に支払われるべき対価が支払われなかった」という怒りなのでしょう。この「敬意」や「尊重」はかなり強力な決済手段と言えると思います。新卒の若手、平社員など組織の下っ端としてやっていく場合は、支払いに使える通貨はほとんどこれしかないと言っていい。

「あなたの面子を立てます」という概念は、反社会組織から公務員まで実に幅広く流通している通貨だと思います。この決済のやり方を知らなかった僕が集団の中でボコボコにされたのは、今思うと「当然」という気しかしません。

「数字が全て」の世界では「面子」の価値が小さくなる

ただし、「どのように振る舞うことが敬意や尊重を示すことになるか」は、「部族」ごとにかなり違いがあります。場所により、全く重視されていない部族もあります。

特に、公務員や総務部門、実質的にはほぼメリットのない管理職など、金銭的な褒章を得にくい職種の場合は、この「面子」という通貨を得ることに人間は本気を出し始めます。サル山のボス猿争いと根本的には同じです。ボス猿に「あなたがボスだと認めます」という態度を示さなかったサルはボッコボコにされるわけです。

逆に言うと、「数字が全て」の世界ではこの「面子」の価値は相対的に小さいものになります。例えば、シンプルに数字を競うような営業の世界では、面子など何の役にも立ちません。目の前の数字こそが全てになります。この面子のゲームをやりたくないのであれば、そういった職種に飛び込むのもひとつの手です。ただし、数字が上げられなければ辛いという点はありますが。

「人間の面子を尊重し損なったから怒られる」より「数字が上がらないから怒られる」ほうが納得がいくよ、という人は営業職がおすすめです。僕も、現在は「最も劣悪」とされる営業職のひとつに在籍していますが、「ここは楽園か」という気持ちがあります。何せ、数字さえ上がっていれば人間として扱ってもらえますので。

まとめ

- **何かを相談するときは「話を通す順番」と「優先順位」に注意せよ**
- **もしあなたが数字を競わない部門にいるなら、面子の概念は必須**

Hack

13 部族の三大通貨③挨拶
——挨拶を返さない人にも挨拶せよ

くだらないけどやったほうがいいこと

「面子」と同じくらい大切なのが、「挨拶」です。

「おはようございます」「よろしくお願いします」などの基本は当然です。これをしっかりやれなければ、本当に大きな損失になります。

しかし、かつての僕も含めてその重要性を認識できていない人は結構多い。快活な表情で挨拶の練習を鏡の前でするのはかなり有効なライフハックです。これは30歳を過ぎた現在でも僕にとってとても重要なことであり続けています。

また、さまざまな組織を見てきましたが、組織によってこの「挨拶」のルールはかなり違います。

僕がかつて所属していたところは、「飲み会の翌日に参加者全員にお礼の挨拶」というルールがありましたし、「有給を取った翌日は部署の全員にお礼の挨拶」というルールもありました。僕は「くっだらねえ」と思っていました。「行きたくもない飲み会に出たあげく、挨拶なんかしたくない」という素直な気持ちと、「有給は労働者の当然の権利だろうが」という大変真っ直ぐな気持ちがありました。そこに、ADHD特有のうっかりさんが加わり、気づいたら手遅れになっていました。

いや、わかります。くだらないですよね。僕もそう思います。でも、やったほうがいいですよ。本当に。この通貨をあらかじめきっちり払っておくことの効用は本当に桁違いです。部族ルールがまだわからない新入りの頃などは、とりあえずこれを払いまくってしのぐのが一般的なやり方だと思います。今思い出すと、クソデキ同期はそのようにしていましたね。

また、これは「見えない通貨」を支払うということであると同時に、部族に対して「私はあなたたちに敬意を示します」という動作でもあります。言うなれば、犬がお腹を見せてキャウンキャウン言うあれです。部族ルールや部族の力関係が把握できるまでは、とにかくこれに限ります。

そして、それはずっと続けるべきです。あなたが勤続20年のベテランであってもです。感じが良く礼儀正しい人であって損をすることは、まずないからです。

挨拶を返さない先輩に、挨拶をしなくていいわけではない

そして、くれぐれも重要な点があります。「挨拶を返さない先輩」などの存在です。挨拶するのはもしかして迷惑かな、鬱陶しいかなと思うかもしれませんし、反応がない人に声をかけるのは怖さもあると思います。しかし、僕の経験上やるのが正解です。機械的にやりましょう。

ああいう人は「下っ端が挨拶に来て俺は無視した」という形で承認を受け取っている大変偏屈な人です。しかし、払っておいて損はありません（**自分が挨拶しないから、相手もしなくていいとは、決して思っていないから**です）。得になるならタヌキの置物にでも挨拶すればいいじゃないですか。会社の不愉快な置物にも挨拶しましょう。うまくいくと、不愉快じゃない置物に化けるかもしれませんし。

なお、挨拶で「うまく言葉が出ない」とか「タイミングがわからない」ですが、完全に「はずし」ても「やろうとした」は「やらない」よりマシです。

スマートにやろうという概念を捨てて「とにかく挨拶してくるやつ」という評価を勝ち取ったほうが、たいていの場面において得です。いませんか。「全くスマートじゃない」と評価されつつも、なんだかんだ愛されているあいつ。繰り返せば、徐々に洗練されます。

まとめ

- あなたが20年選手だとしても、油断大敵。挨拶は絶対に欠かすな
- 挨拶してこない先輩はトラップ。無視されても絶対に挨拶せよ

Hack

14 部族の祭礼「飲み会」は喋らず乗り切れ

飲み会とは、部族の祭礼である

職場の飲み会、好きですか。僕は大嫌いです。基本的に、気の置けない友人やプライベートで関係を持った人以外とお酒を飲むのが僕は好きではありません。そして、この本を手に取ってくださった皆さんの多くもそうだと思います。

そもそも、アルコールというドラッグを信頼関係で結ばれた間柄でもない人間が集まって摂取するなんて、マトモなこととは思えません。酩酊を楽しむにはリラックスしたセッティングが一番重要ですし、その意味で言えば「職場の飲み会」なんて楽しいわけがないんです。

しかし、「飲み会」というコミュニケーションの儀礼は習慣として完全に社会に根付いています。ここから逃げ出すこともまた、難しい。そして、飲み会ほど人間が無意味に転ぶ機会もそう多くありません。

アルコールを摂取するということは多かれ少なかれ抑制を失うということですので、その状態でコミュニケーションをとるというのは人生の飲酒運転です。危険がたくさんあります。ヒヤリハットで済めばいいですが、正面衝突も多発します。

そして飲み会というのはまさに部族の祭礼ですので、部族ごとにルールが全く違います。つまり、ルールを飲み込むまで迂闊に動くな、無難に徹しろということです。

新卒ではほぼ確実に、中途採用でも結構な確率で「歓迎会」をやってもらうと思いますが、あれは本当に危険な集まりです。要するに、**新入りに酒を飲ませて本性を見定め、全員で値踏みする会**ですからね。あんな邪悪な会はそうそうない。

飲み会で退屈しない方法

飲み会においては「正しい作法をやり切る」に勝る選択はないでしょう。部族の作法がまだわからないなら、とりあえず一般的に間違いない振る舞いをしておく必要があります。例えば、あなたがド新人なら**小上がりに上がるときは全員分の靴を揃える**などのちょっとした気遣いでポイントを稼ぐなどいいですね。

料理が来たら率先して取り分けるなどもいいです。これも意外と慣れがないと動けません。若い人は就職前に練習しておいても損はないくらいです。新人がスッとスマートに料理を全員分取り分けたら、結構な割合の人が「なかなかできるなぁ」と感じると思います。年齢にかかわらず、この辺はやって損はないですね。逆に、先輩に料理を取り分けさせながら気持ち良く飲んでいた場合などは、あまりよろしくないことになるでしょう。なりました。大事なことだから2回言います。なりました。

そして、**場の一番偉い人から可能な限り順番にお酌をしに行く**のも大事です。これは、本当に気にする人は気にします。「あいつは新人歓迎会で俺に酌をしに来なかった」と数年ごしにお怒りの方と遭遇したときは、本当にこの世の終わりみたいなやつだなと思いましたが、これも見えない通貨です。払っておくに越したことはありません。これを可能な限りやろうと思っていれば、飲み会で退屈する暇はないでしょう。

絶対に、「無礼講」は存在しない

そして、我々発達障害の人間にとって最も重要なこと。それは、**「喋るな、喋らせろ」**ということです。もちろん、質問をされたり話題を振られたりしたときは返す必要はあります。しかし、それもなるべく簡潔を旨としたほうがいいでしょう。

我々は往々にして極端に喋れない、あるいは延々と喋り続ける、衝動性に任せて喋るべきではないことを喋る、そういうことが起こりがちです。しかも、アルコールまで入っています。飲み会の開放的な雰囲気もあるかもしれません。事故が起こる要因が全て揃っています。

地球上に無礼講の場など存在しません。UFOが夜空を舞い、ビッグフットが町を駆け回ったとしても、無礼講の場は存在しません。職場の飲み会においては素の自分を出していいタイミングなど永遠にないと考えておくのが、基本的には正解です。職場の飲み会で素の自分を何の不安もなく出せる立場の方がこの本を読んでいるとも思えませんし……。「無礼講」の定義は部族によって違い、「祭りの作法」のようなものです。観察して理解しましょう。

飲み会の場は、人間同士が値踏みし合う場だと認識しておくのが正解です。逆に、稼げる評価はここで稼いでおきましょう。**飲み会の話題で鉄板なのは、「誰かにお礼を言う話」と「誰かを賞賛する話」**です。量を飲む必要はありませんが、美味そうに飲み、食べることを心がけましょう。楽しいフリをしましょう。そして、飲み会が終わったら「本日はありがとうございました。とても楽しかったです」と言いましょう。

飲み会の帰りは「本当に疲れた」という気持ちでいられれば安心、くらいの感覚でいいです。逆に、「今日は楽しく喋ったなぁ」という感想が出てきたら、もしかすると少し危ないかもしれません。

まとめ

- **飲み会では喋るな、喋らせろ、褒めろ**
- **無礼講は祭りの作法**
- **「疲れた飲み会」こそが正解**

Hack

15 部族の通過儀礼「雑談」は、ひたすら同意をリピートせよ

●儀礼的雑談とは通信プロトコルの相互確認である

僕は雑談が人生においてずっと苦手でした。

ＡＤＨＤ的な「衝動的に喋ってしまう、喋りだしたら止まらない」と、いかにもＡＳＤ的な「理屈重視、感情・共感の軽視」の両方を併せ持っておりまして、「雑談」にはほとほと苦労してきました。ＡＤＨＤ傾向の強い方、特に多動性と衝動性が前に出ているタイプの人にありがちなことですが、「喋りだしたら止まらない」、これは本当に厄介です。独演会をやっているか、あるいは会話からはぐれて靴の先を眺めて時間を潰しているかどちらかしかない、そういう人生を送ってきた人は結構多いのでは

ないでしょうか。僕自身この典型例です。

「雑談ができれば人生はある程度うまくいく」と言っても過言ではないと僕は思っています。というのも、**人間というのは「雑談」を経てその人間がコミュニケーション可能な相手なのか、そうでないのかを測っている**節が大変強くあります。共有する話題も用件も全くないところで発生するある種儀礼的なコミュニケーションは、お互いが対話可能かの試し合いです。これが「できない」と認識されると、それ以上の深いコミュニケーションをとるのは往々にして難しくなるでしょう。

雑談はよくキャッチボールに喩えられます。これは実際優秀な比喩だと思います。僕は、キャッチボールという遊びが大嫌いです。そもそもADHDにありがちな動作性の悪さを持っているので球技が大嫌いというのもあるのですが、それ以上にボールを投げてキャッチする、またボールを投げ返す、この繰り返しのどこに面白みがあるのかいまだにわかりません。

しかし、雑談の基礎となる部分はまさに「面白みのなさ」にあると思います。何のゲーム性もなく「ボールを投げて、キャッチしてもらい、また投げ返してもらう」この繰り返しそのものが、人間同士が「コミュニケーション可能」という信号をお互いに出し合う儀式なのです。**通信プロトコルの相互確認**です。

「雑談とは議論もしくは情報の交換であるべきだ。無内容な会話などしたくない」、こんな気持ちを持っている人は少なくないのではないでしょうか。そして、相手にいきなり強烈な話題を叩き込みコミュニケーションが断絶する。これは僕も繰り返して来た失敗です。通信を開くことに失敗しているのです。いきなり剛速球を投げすぎなんです。**雑談は、基本的に「議論」でも「意見交換」でも「情報交換」でもない**のです。

とにかく同意で受けろ――言葉を拾う

具体例で考えてみましょう。次の例を見てください。

【良い例】

A「おはようございます」

B「おはようございます」

A「いやぁ、いい天気ですね**(話題の提起)**」

B「本当ですね（**同意**）、今年はカラ梅雨になるんですかねぇ（**話題の提起**）」
A「雨が降らないのはありがたいけど（**同意**）、あんまり降らないとそれはそれでねぇ（**話題の提起**）」
B「水不足はいろいろ大変ですからね（**同意**）」

【ダメな例】
A「おはようございます」
B「……おはようございます（小声でうつむきながら）」
A「いやぁ、いい天気ですね（**話題の提起**）」
B「暑いです（**不同意**）」
A「暑くなりましたねぇ（**同意**）、雨も降りませんし（**話題の提起**）」
B「そうですね」

「良い例」と「ダメな例」の一番の違い、それは、BがAに対して同意しているかどうかです。

雑談程度の深さのコミュニケーションにおいて、**「不同意」や「否定」はあまりいい結果をもたらしません。**「とりあえず全て同意で受ける」でまず問題ないのです。そして、同意の形で受けた後の発話が**実質的に不同意であっても、人間はそんなことはほとんど気にしません。**と言いますか、そこまで相手の話を真面目に聞いてすらいません。

一度同意の形を持って受け止められた、それが重要なのです。まさに、雑談は形式的な儀礼であり、単なるキャッチボールなのです。やわらかく投げて、同意でやわらかく受け取る。それで十分です。「とりあえず同意で受ける」は習慣にしておいて損はありません。

初心者は、「言葉拾い」でしのぐ

しかし、いざこのテンプレートを理解しても、「難しい」という人もいると思います。僕も実際、できるようになるまでかなりかかりました。意識的にやるようになってからしばらくは、非常にガタガタしたコミュニケーションをせざるを得ませんでした。しかし、コミュニケーションの型を身につけるまでの補助輪となる明確なコツがあります。このコツを、僕は**「言葉拾い」**と名づけています。

A「いい天気ですね**（話題の提起）**」
B「本当にいい天気ですね**（同意）**」
A「こう暑いと、やる気も出ませんね」
B「本当にやる気出ませんね**（同意）**。何もする気がしません**（話題の提起）**」
A「私、今日はこの後仕事なんですよ。この暑い中、働きたくないですね」
B「働きたくないですね**（同意）**。涼しくなって欲しいものです**（話題の提起）**」

どうでしょう、傍線部にピンと来ませんか。これ、相手の言葉を拾ってそのまま機械的に返しているだけですね。人工知能でもできそうな会話です。しかし、「同意」に加えて相手の語彙をそのまま返す、これで基本的には成立してしまうのが雑談なのです。最初は使ったことのない脳の使い方に戸惑うでしょうが、慣れればほとんど脳のメモリを食わなくなるでしょう。

コミュニケーションがうまい人がやっている2つのこと

後は、コミュニケーションがうまい人がやっているテクニックを武器として持っておくと、完璧です。

まず、共感的な相槌。これは3つも用意しておけば全く問題ありません。**「そうですねぇ」「確かに」「ああー、なるほど」**。この3つでいいです。機械的にやりましょう。コミュニケーションの上手な人も、基本はこれです。よく見ると、有限のバリエーションの相槌を適切なタイミングでランダムに繰り出しているだけです。

そして、笑顔。**コミュニケーションが上手な人は「言葉」への依存度が低い**のです。適切なタイミングで繰り出す快活な笑顔。これは百の言葉に勝ります。逆に、「ウッ、この話題対応しにくい」というようなときにイヤな顔をするのはおすすめできません。というのも、「笑顔」の強烈な効力の逆が発生してしまうからです。

笑顔は鏡の前で練習です。訓練あるのみです。目が笑えなくても口は笑えます。意識して笑おうとすると顔が引きつることもありますが、これは「笑おう」とするからです。口角を持ち上げれば自然に目尻は下がります。この顔の形を覚えて、繰り返すだけです。筋トレなんかと一緒ですね。動作を繰り返し、何度もフォームを確認することで神経系が発達する。そのような現象が表情にもあるのだと思います。

先日、発達障害のある方に「あなたの笑顔、本当に訓練してきた人なのがわかります」と言われました。ウッ、悔しい、バレたかと思ったのですが、同族なので当たり前と言えば当たり前ですね。大丈夫です。「笑顔を作っている」と看破されたとしても、あなたは自分に微笑みを捧げる人間に悪意を抱くことはそうそうないですよね。たまに「ヘラヘラしやがって」みたいな方もいますが、少なくとも仕事の上でこういうタイプは完全に少数派です。気にする必要はありません。

まとめ

- 雑談は、同意、同意、同意
- 同意に慣れるまでは、とにかく相手の言葉を拾う
- 笑顔は筋トレ！ 練習しよう

Hack

16 共感とは「苦労」と「努力」に理解を示してあげること

世界は「奇妙な共感」で回っている

僕は「あなたの気持ちはわかります」と言うのがとても苦手でした。恋愛相談を受けても、「気持ちはわかるよ、辛いね」というようなことがどうしても言えず、友人を失ってきました。「みんな何を共感しているんだ?」と悩んだことは多かったです。まるで、違う言語を話す人々の国に投げ込まれたような恐怖感にいつも襲われていました。僕だけが間違っている。僕だけが世界から孤立している。そんな気持ちがいつもありました。

しかし現実を言うと、人は長い時間の中で多くの経験と膨大な思考と判断を経て現在に至っています。その中で形成された個人のパーソナリティを「理解」するというのは、控えめに言って「とてつもなくコストのかかること」です。

僕は、ツイッター上で多くの人と対話してきました。それこそ、数百数千という人と言葉を交わしてきましたし、その中には集団で僕と敵対してくる人たちもいました。

あるとき、苛烈に僕を攻撃する人たちのグループを一人一人捕まえて、「なぜ僕を攻撃するのですか?」と個別に尋ねてみました。結果を言うと、息を合わせて僕を攻撃してきた人たちは、それぞれ全く違う攻撃動機を持っていましたし、あるいは攻撃動機の言語化すらできていませんでした。

これは、本当に興味深い現象だと僕は思います。皆さんも、あるとき突然集団の中で「悪」に、あるいは「敵」にされてしまったことはないでしょうか。僕は「学級会の魔女裁判」と呼んでこの現象を忌み嫌ってきました。発達障害者の実に多くがこの経験をしていると思います。

よく考えてみると、これはとても不思議なことです。根源的動機を共有しない人々が、「何となく」協調する。これは、その能力に乏しい僕にとって忌むべき現象ではあるけれど、その一方人間の非常に便利な能力だ、と考えるのが自然な気がします。

この「根源的動機や理解を共有しない人々が連帯する現象」を僕は「**奇妙な共感**」と名づけました。この「奇妙」という単語には大いに風刺的な意味を含ませています。世界はこの「奇妙な共感」で回っていると言っていいでしょう。あなたの職場にもサークルにも、きっとこれはあるのではないでしょうか。

「わかるよ」は適当でいい

世の中のほとんどの人にとって、「あなたの気持ちはわかる」という言葉は、実際とても軽いものなのです。本当に「わかる」必要などありません。**他人の気持ちなんてそもそも誰にもわかりません。それでも「わかる」と言ってあげることで人間は喜ぶのです。**

あなたは「気持ちはわかる」と言われたとき、「おまえは本当に俺の気持ちをわかっているか？」と相手を詰問したりしますか？　多分、しないと思います。しているならやめたほうがいいですね。「わかった」と言ってくれた、共感してくれた、その気持ちを少なくとも表面的には受け取ると思います。

「こんなことがあって、とても辛い」とある人が言ったとします。「こんなことがあって」の部分があなたには納得がいかなかった。「それはおまえが悪いだろ」が喉元までせりあがった。もちろん、それが大事な友人で「どうしてもそれを伝える必要を感じた」なら話は別ですが、そうでないなら「とても辛い」の部分だけに共感を返してやればいいのです。

「そうか、しんどいね」と返してあげる。これは、「雑談」と同じ単なるキャッチボールです。その「共感」は雑なものでかまいません。「よくわからないけど、とにかく辛いんだろうな」くらいでいいのです。悪く言えば、適当に玉を投げ返してやればいいのです。身勝手で適当なイメージを、投げ返してやればいいのです。

この話はとても「不誠実」なものに読めるかもしれません。僕もかつてはそう思っていました。しかし、その「誠実さ」は「誰も幸せにしない誠実さ」だと気づきました。

適当にやりましょう。これが「共感の極意」です。失敗したら「チッ、間違ったか、もうちょい観察だな」でいいんです。完璧にやるなんて、誰にも不可能なのですから。

「苦労」や「努力」を理解すると、人は喜ぶ

「共感」と対置される概念に「理解」があります。これは、とても重要な概念です。誰でも「理解できるもの」には「共感」しやすいでしょう。もっとも、「理解」した結果「共感できない」こともままあるでしょうが。しかし、「理解できない」と確定したほうが「共感したフリ」もやりやすいでしょう。

では、この「理解」をどういう風に行えばいいか。

あらゆる人間に「共感」を示すには、ほとんどの場合において「苦労」「努力」の2点を理解することに努めれば十分である。これは、僕の長年の経験からの結論です。2点に加えて、「能力」はオプションでやれそうならやりましょう。

人間は、「自分の苦労」を理解してくれる人間を「理解者」と認識します。人間は「理解者」を手放すことができません。誰であれ、そうだと思います。薄っぺらな共感ではなく「理解して共感してくれる人」には、本当に高い価値があるのです。

僕の現在の勤め先における上司は、大変有能かつ親切でやさしい人ですが、かなり

強い癇癪持ちでもあります。僕も時々理不尽な癇癪の直撃に遭うこともありますが、全く腹が立たないんですね。起業家として失敗しているので、経営者であり上司であることの苦労は痛いほどわかりますし、癇癪のひとつくらい起こしても許される仕事をしているだろう、と思います。

そのような気持ちで接しているうちに、上司のほうから「すまない、私は癇癪持ちなんだ。勘弁してくれ」という言葉まで出てきました。入社以来、僕と上司は少なくとも僕から見てそれなりに良好な関係を維持できています。

この「理解し、共感してくれる人」になれば、対人関係は驚くほどスマートに進みます。あなたもハッピーですし、相手もハッピーです。

まとめ

- **相手の全てを理解するなんて絶対無理。共感は、雑で適当でいい**
- **相手の苦労、努力、能力。この3つに理解を示そう**

Hack 17
今すぐ「茶番センサー」を止めろ

茶番センサーとは何か？

「くだらない」「要するにこれは茶番だ」。ここまで僕のハックを読んできて、そういう感覚を持った人は多いのではないでしょうか。確かにくだらないですよね。人と人との関係を儀礼に落とし込み、ノウハウとして実行する。いや、本当に茶番だと思います。特に「雑談」とか「挨拶」とか「面子」とかには拒否感が強かったのではないでしょうか。

皆さんは世の中のさまざまな営為を眺めたとき、「これは茶番だ」と看破する能力がとても高いのではないかと想像しますが、いかがでしょう。いろいろなものを見ては「くだらない」「茶番だ」という印象を持ってきたのではないでしょうか。記者会見する政治家、プラカードを持って道に立つ運動家、リクルートスーツを着て就職活動をする学生、ボランティア活動をする人々……。そういうものを眺めたときに胸に湧き出してくるあのシニカルな感情、ありますよね。

僕は、「これは茶番である」と認識するとそこに向かって努力をすることがとても難しくなる性質を持っています。皆さんもそうではないでしょうか。だって、くだらないことをやりたい人ってそんなにいないですよね。この本に書かれていることは、ひとつの例外もなく「やらなくて済めばそれに越したことはないくだらないこと」であるのは間違いないでしょう。

しかし、世の中の大半は「やらなくて済めばそれに越したことはないくだらないこと」で形成されているのもまた、事実だと思います。

こういった**世の営為の茶番性とでも言うべきものを読み取り、「くだらない」という結論を下す能力を、僕は「茶番センサー」と呼んでいます。**

このセンサーがピンと反応すると、全てのモチベーションは失われ、シニカルさやアイロニックな考え方が頭をもたげてきます。実際、この本も読み方を変えれば「仕事」に対する徹底的な皮肉にも読めるでしょう。それは所詮この程度のくだらないことだ、という気持ちがないと言ったら嘘になります。僕は基本的に性根の歪んだ皮肉屋です。

しかし、「茶番でありくだらない」ことと「簡単である」ことは全くイコールではありません。

例えば、皆さん今すぐ本気の大声を出せるでしょうか。意外と出せないと思います。だからこそ「声出し」なんていうジョブトレーニングが存在するわけで。

人間には無意識のリミッターがかなり強くかかっています。茶番センサーが働いたら、人間はまず動けません。さらに人間は「茶番である」と看破すると、それを大変に「ナメる」心の働きを発生させがちです。やりたくない上にナメてかかったら、何事もうまくいくわけがないですよね。

僕が就活で「内定コレクター」になれた理由

僕がこの特質に最も苦労させられたのは「就職活動」です。例えば「面接の練習」

とか、あんなの本質的には茶番以外の何者でもありません。他の学生たちが「はい、〇〇大学の△△です。本日は貴重なお話を〜」と自己PRするのを聞いているときに胸のうちをスゥッと流れていく冷え切った感情には、とても苦々しい思い出があります。

そういうわけで、僕はしばらく就職活動を拒否していました。半年くらいダラダラした後、「これは茶番センサーを止めるしかない」と観念して面接に行くことにしたのです。その後の僕は、「就活依存症」に陥った内定コレクターと化しました。

序盤の出遅れから、結果的に納得できる内定が出たのは夏が終わる頃でした。しかし、最初からこの動きができていれば、さっさと内定を取ってもっと時間を有効に使えたのは間違いありません。茶番をナメ切った結果、茶番に大量の時間を持って行かれたわけです。何ひとつ得をしていない。悲しいお話です。

その一方、生まれつき、茶番に全力を出すのが得意な人というのも存在します。これはいわゆる「空気が読める人」、発達障害者に対する定型発達者である、と言い切ってしまって問題はない気がします。

ADHDやASDを持つ人でこの茶番センサーがない人には、いまだかつて遭遇したことがありません。我々は、「やらない」理由を見出すことに関して熟練の名人であると言っていいでしょう。もちろん、定型発達者にもこの傾向を持った人はたくさんいますが、発達障害者においてこの傾向は有意に高いと思います。もちろん、経験にしか拠らないものですから根拠はありませんが。

茶番センサーの解除方法

では、「茶番センサー」を解除し、茶番に没頭するにはどうすればいいのか。これはもう、とても簡単です。とにかく「声を出す」など身体を動かし、その上で後に引けなくなるところまで労力をぶっこめばいいんです。これは第1章でも使った理屈です。パチンコに5万円突っ込んだら、財布が空になるまで席を立てないですよね。パチンコなんてくだらないゲームだということは、誰もがわかっているはずなのに。タコとエビがくるくる回ってたまにリーチって鳴るやつに本気出しちゃいますよね。

茶番センサーを解除するには、茶番を必死でやるしかないのです。「デキる人」はこれがとにかくうまい。「よくあんなくだらないことをあんな丁寧にやれるな……」

って感心したことありますよね。そういうことです。企業で体育会系が重用される理由も、おそらくこの辺にあると思います。彼らはたいてい、くだらない文化を強制され、しかもそれを全力でやることに慣れています。

その一方、この「茶番センサー」は能力としてとても大事なものであると言えます。具体的には、この能力がゼロだとマルチ商法や宗教の勧誘にどんどん引っかかるでしょう。世の営為を「これはくだらない」と見極めて距離を取ることは、時にとても重要です。そして、物事を冷徹な視線で見極めて分析的に対処するにも、この「茶番センサー」は有用でしょう。

理想は、怜悧に茶番を茶番と認識しながらも、同時にその茶番に向かって全力で突撃していけるマインドセットです。世界は茶番です。無意味でくだらないクソです。でも、勝ちたかったら全力を出すしかないわけですよ。

戦略分析にはメタ視点や俯瞰視点が不可欠ですし、歩兵として突撃するにはためらいを捨てて雄たけびを上げながら走るしかありません。**あなたは怜悧な戦術家であると同時に、一番槍を突く英雄である必要がある**のです。人生は分業できないので、この矛盾を丸ごと飲み込むしかつまるところありません。

でも大丈夫です。やれます。意識的に繰り返していけば、「茶番」に没入することは少しずつではありますができるようにはなります。これは純然たる慣れの問題です。抵抗はあるでしょうが、少しずつやっていきましょう。

「つまるところやるしかない」という局面は人生において多くあります。そういうときにすかさずリミッターを外すことができれば、かなり楽になる。それは、「やるしかない」という局面において不要な錘そのものですから。

やっていきましょう。

まとめ

- 世界は茶番だ。無意味でくだらないクソだ。でも、勝ちたかったら全力を出せ
- 「茶番センサー」には良い面もある。だまされないために、うまく利用せよ

第3章

朝起きられず、夜寝られないあなたへ

【生活習慣】

発達障害式「生活習慣」の原則

「普通」に捕獲されてはいけない

「普通になりたい」。これは発達障害を持つ人々の、あるいは発達障害傾向を持つ人々の切なる願いではないでしょうか。僕も人生32年、ずっとそう思って生きてきました。周囲の人々が難なくこなす生活が、なぜ僕にはできないのか。

周囲の「普通」の人にそれを尋ねると、「普通にやれ」という答えが返ってきます。結構皆さん「やるという強い意志を持つ」とか「毎日の積み重ね」とか「気持ちの持ちよう」とか、そういうアドバイスをくれます。これは、きっと定型発達した皆さんにとっては結構正しいのだと思います。しかし、結論から言えば「そのアドバイスが役に立たないから発達障害者なのだ」ということです。

これは、必ずしも「発達障害」と診断されている人に限りません。「普通」のやり方をやって誰もがうまくいくなら、世の中はとても幸福なものになっていると思いま

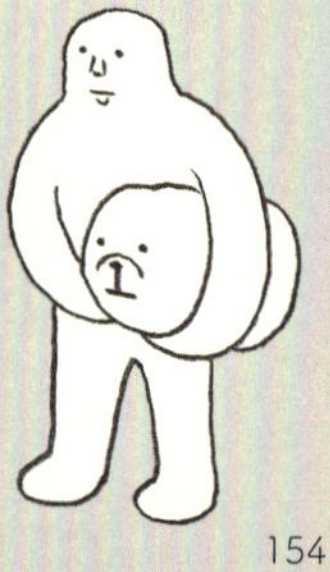

す。

結論はこういうことです。我々が「普通」になるためには、「普通ではない」ことをやらなければいけない。

これが、発達障害ライフハックの一番難しいところです。市販のライフハック本を読んでみればわかりますが、「こんなことがやれたら苦労しねえよ」って感じませんか。この本は多分自己啓発というジャンルに含まれると思いますが、「自己啓発本なんて読みたくもねえ。表紙を見ただけで吐き気がする」という人たちのために書きました。実際、僕もそういう人です。

確かに、最終的には規則正しい生活を目指すべきかもしれない。しかしそれは今すぐではない。過集中が起きているのならばそれに身を任せることも必要だし、また動けないならそれもある程度肯定してもいい。ここで自分を責めても、あまりいいことはない。

僕がたどり着いたのは、そういう諦めです。もちろん、世の中のたいていのものには時間制限があるので全てにおいてこれが許容されるわけではありません。しかし、今すぐ理想的な形の中に自分を嵌め込んでいくのはおそらく不可能だし、自分自身のわずかな良い部分すら潰れてしまいます。

例えば、朝早く起きれば夜に眠れるという一般的な考え方は、僕には一切当てはまりません。僕が夜に眠れるかどうかは、そのときの脳がどのような状態にあるかにかかっています。何かにのめり込んで過集中状態にあれば、睡眠薬で叩き落とす以外の方法で眠るのは不可能です。そして、何かに集中している状態から眠ることを目指して睡眠薬を飲み、布団に入るということができるようになったのすら、20代の半ばを過ぎてからです。現在でも、集中の度合いが高ければできないこともあります。

また、たっぷりと睡眠をとればコンディションが良くなってパフォーマンスが出るという一般論も、僕にはあまり当てはまりません。もちろん、コンディションが悪ければ集中に難が発生することは事実ですが、その一方、何時間眠ろうと脳が集中に入れなければ無意味です。逆に、睡眠時間が多少不足していても脳を集中に放り込むことさえできればパフォーマンスが出ることもあります。

僕は入試前日、あるいはプレッシャーの大きいプレゼンを行う仕事の前日などに、完全に眠り損なっても本番で最高のパフォーマンスが出せたことが何度もあります。逆に、十分な睡眠をとれても本番の前に脳を集中状態に持っていくことができず、大失敗したこともあります。

今思い出してみると、むしろ「眠れていない」というような状態のほうがパフォーマンスが出たのではないかという疑いさえあります。しかし、これは頭脳労働に限るかもしれません。スポーツに関しては、睡眠が不足していれば結果は悪かった記憶しかありません。

しかし、僕も3日眠らなければ確実にパフォーマンスはゼロに近づきます。その状態で集中に入るのはほとんど不可能でしょう。

つまるところ限界さえ超えず、かつ社会生活に曲がりなりにも折り合っていられればそれでいい。無理をして今すぐ生活を定型の中に嵌め込む必要はない。徹夜で作業をして仕事に出ても、1日であれば仕事のパフォーマンスに大きな変化はない。なら、いいじゃないか。ただし、2日連続の徹夜はダメだ。それは限界を超えてしまう。僕らなりに、「不定型」な生活リズムをうまく乗り切っていく。そういう工夫が必要なのだと思います。

これは多くの発達障害を持つ人から話を聞いて得た思いなのですが、例えば1日7時間寝る、6時に起きて23時に寝るといった規則正しい生活というのは、「規則正しいリズムを持った人」のリズムであり、僕のような不定型の生活リズムを持った人も存在するし、また発達障害者の中にはかなりの比率でそのような人が存在するのではないかと思います。

少し俗説に乗っかった話をしますが、ADHDは狩猟採集民の生活様式を受け継いでいる、みたいな説があります。この説の信憑性は疑わしいですが、それでも獲物を追跡して何日も動き続けるハンターの睡眠は、必然的に不定型なものだったと思うのです。人類の中にはそういう生活を志向してきた者も、一定数いるのではないでしょうか。

自分を知り、「普通」でなくとも、自分にとって最も生産性を出せる生活リズムを作る。「普通」の強迫観念にとらわれないこと。そのための具体的なハックをご紹介します。

やっていきましょう。

Hack

18 「眠れない」あなたがやるべきたったひとつのこと

眠るのは人生で一番難しいこと

眠る、というのは人生で最も難しいことではないかと僕は感じています。僕も金融機関勤め時代、とにかく睡眠に苦労しました。朝、気持ち良く目を覚まして「やるぞ」という気持ちで職場に向かう。そんな経験は一度もありません。朝はいつだって憂うつで、耐え難く苦痛でした。これはもう発達障害という概念にかかわらず、誰もがそうなのかもしれません。

しかし、発達障害のある人は「体内時計がメチャクチャになりがち」という傾向があります。ヒアリングを行った皆さんも、かなりの比率で朝は本当に辛いと仰っていました。そして、眠るべきときに眠れない、とも。前述したとおり「普通の生活習慣」へのこだわりをある程度諦めるとしても、「いつでも寝ようと思えば眠れる」はぜひ獲得したいスキルです。そう、**「眠る」はスキルなのです。**

朝に強くなる方法は、正しい知見がすでにたくさん出回っています。夜遅くに食べ物を胃に入れたり深酒したりせず、半身浴なんかしてみたり、運動したり……。これらは皆、それなりに効果があります。ですが、何と言っても一番効果が高いのは「規則正しい生活を送る」ことでしょう。

この文章はそんなことはわかり切っている、全部わかっている、それでもどうにもならないんだ、という前提で書かれています。

●結論。早く薬を貰ってください

そういうわけで、結論はとてもシンプルです。余計なことは一切言いません。**最寄りの心療内科に出向いて、眠るためのお薬を貰って来てください。**

眠りが浅く中途覚醒が起きる人、とにかく寝つけない人など症状によってベストの薬は違うので、そのあたりはお医者さんに従ってください。

僕は32年かけてありとあらゆる睡眠ハックを試してきましたが、薬に勝る効果があるものはひとつたりとも存在しませんでした。もちろん、最終的に薬に頼らない生活習慣を確立できればそれに勝るものはありません。しかし、あなたが睡眠に問題を抱えているなら、まずは何はともあれ薬を試してみてください。

とりあえず眠ることができるようになってから、他のさまざまなハックを試せばいいんです。もう、本当に時間が惜しいです。すぐに薬を貰うことをおすすめします。こういうことを言うと怒られるかもしれませんが、これは僕の経験に照らして圧倒的に事実です。なぜなら、不眠は本当に危険な状態だからです。

不眠は長く続けば続くほど、加速度的に全てが悪くなっていきます。仕事のミスも増えるでしょう。増えた悩み事は、さらに不眠を加速させます。一度歯車が狂い始めると、どこまでも問題が拡大していくのが不眠の恐ろしさです。うつの初期症状も大体は不眠です。絶対にナメてかかってはいけません。

不眠は死に至る病であり、ありとあらゆる精神疾患につながる道だということは強く認識してください。さっさと服薬しましょう。心療内科は怖くありません。とにかく予約です。

「眠れない」程度の症状なら、名医を探すより即座に対応することのほうが重要な場合が多いです。逆に言えば、適切な睡眠薬の処方さえ受けられれば治癒する可能性の高い初期が治療の大チャンスです。

なお、後ほど依存についての章でも詳しく語りますが、ここでも警告しておきます。**アルコールと睡眠薬の飲み合わせは絶対にダメ**です。ツイッターの僕を古くから知っている人は「おまえもほんの数年前までやってただろ」と言いたくなると思うのですが、僕も反省しました。あれは依存性が高く、健忘を引き起こし、内臓にも間違いなくダメージを残します。人生を手っ取り早く破壊する手段です。

飲み会の後などに、まぁ仕方ないなと布団に入る前に薬を飲むのまでは否定しませんが、酩酊を求めて意図的にアルコールと併せるのは絶対にやめましょう。僕はこれで自殺未遂と措置入院を繰り返す羽目になりました。本当に反省しています。「そんな経験をしているのに20代の終わりまでやってたのか」というお叱りはごもっともです。僕に誰かを批判する資格などありませんが、とにかくやめましょう。絶対にあなたの人生を良くはしません。一瞬人生の痛みが鎮痛されますが、そのツケはたっぷり利子を乗せて返ってきます。

睡眠薬は正しく使えばとても便利で、初期の不眠を一発で退治してくれることすらあります。僕もとてもお世話になっています。用法用量を守って、くれぐれも適量を。今まさに睡眠薬とお酒を流し込みながらこの本を読んでいる方、きっといると思います。僕と一緒にやめましょう。

まとめ

- 「規則正しい生活を送れば眠れるはず」という理想は脇に置け
- 不眠が悪化する前に、心療内科で薬を貰おう
- アルコールと睡眠薬の飲み合わせだけは絶対にダメ

Hack

19 発達障害の僕でもできた、最強の「二度寝」防止法

「起きる」のではなく「飲み物を飲む」

朝、目覚ましが鳴って布団から這い出すのに最も大事なことは何でしょうか。気合、意志力。それはどちらも違います。一番大事なのは、たったひとつの小さな動作です。布団の中で時々時計を確認しながら「起きなきゃ。でも準備は急げば10分あれば終わるし……でも起きないとそろそろヤバい……」と思いながら過ごすあの時間は、完全に無駄です。

さて、動作目標として「起きる」という概念は抽象的すぎるのではないかと僕は思っています。起きる、という目標は意識が覚醒していることなのか、それとも布団

から出ることなのか、あるいは顔を洗って身支度を始めることなのか、判然としませんよね。しかも、朝起きるというのは憂うつなことです。今日も1日に立ち向かっていかねばならない。そういう決意をする必要に駆られてしまいます。

言うなれば「辛い1日が始まることを受け入れる苦難の儀式」、それが「起きる」ということです。こんなこと、やれるやつのほうがおかしいと僕は思います。いやだって、そりゃ辛いでしょ。どう考えても。

そこで、「起きる」という目標は廃止です。結果的に布団から出て「起きる」としても、それは目標として設定しません。「すりかえ」ます。

具体的に言うと、寝起きでもあまり抵抗なくやれる小さな動作を起床ルーチンとして取り込むのがとても便利です。僕の場合は、**枕元から1メートルほど離れた場所にカフェインの入った飲み物のペットボトルを1本用意して、目覚まし時計が鳴ったら何はなくともこれを取りに行って飲む。**そういうルールを定めています。

気持ち良く目を覚ませるかどうかは、前日の下準備で決まってきます。朝起きてやるべきことが山ほどある、かばんの中の書類を入れ替えて、朝一番の仕事の確認をして……。そういうタスクを朝に残した日は、とても布団から出難かったのではないでしょうか。「起きる」に伴う心理的負荷が大きければ大きいほど、朝は辛くなります。朝一から憂うつな会議がある日ほど遅刻してしまうのは、そういう理由です。

夜のうちに翌日の準備を全部終わらせて、適切な場所にカフェイン飲料を1本配置して眠る。ここまでできれば、それなりの勝率が期待できるようになります。

●飲み物についての3つの注意点

【注意点①】飲み物はペットボトルにする

毎晩コーヒーをドリップして魔法瓶に詰める。そういう面倒な話は、少なくとも僕には無理です。僕の場合は、ペットボトルに水道水を詰めて、カフェインの錠剤と一緒に置いておくか、箱で買ったペットボトルの緑茶を1本置いておくだけです。

【注意点②】布団からペットボトルまでの距離は1メートル

ペットボトルを「枕元に置く」は推奨しません。わかりますよね。絶対二度寝します。ほんのちょっと面倒ください。しかし心理的抵抗は大きすぎない。そういう動作が

絶対に起きられる「ペットボトル」ハック

枕元から1メートルのところに飲み物のペットボトルを置いて、目覚めたら飲む。

ポイントです。

「冷蔵庫まで取りに行けば冷たいのが飲めるのでは？」というお話ですが、僕の布団から冷蔵庫までは大体3メートルあります。1メートルと3メートルの差は、あの地獄のように苦しい朝という時間において致命的です。

この2メートルを僕は「ヒラリーステップ」と呼んでいます。ヒラリーステップとは、エベレストの上のほうにある難所ですが、数多の登山家がここで遭難していきました。我々の朝もそんなものですね。

【注意点③】布団から「ダイレクトに目に入る」場所に置く

目を覚ましたときにペットボトルが、ダイレクトに目に入ることも重要です。冷蔵庫の中に隠してしまったら、僕の極めて乏しい意志力では到達が困難になることは間違いありません。我々にとって、「見えない物は存在しない物」と考えてください。

繰り返しになりますが、「起きる」のではありません。ほんのちょっと動いて、ペットボトルの飲み物を飲むのです。それは極めて簡単な、何の苦痛も伴わない作業です。それが終われば、あの地獄のような「起きる」という苦難はいつの間にか過ぎ去っています。これは僕のライフハックの中でもかなり自信があるものです。ぜひ、お試しいただければと思います。

「起きる」という概念に伴うあの苦痛は味わう必要のないものです。使う必要のない意志力はケチりましょう。とても大事なことです。

まとめ

- 「起きる」の勝負は前日の準備で決まっている
- 起きようとするな。ペットボトルのお茶を飲め

Hack

20 身だしなみは「リカバリー」を重視せよ

僕には「鏡を見る」習慣がなかった

この話をすると、たいていの人がどん引きするのですが、僕には「朝に鏡を見る」という習慣が就職活動を始めるまでほとんどありませんでした。顔は洗いません。朝に歯なんか磨きません。風呂はうつのどん底に沈んでいるとき以外は毎日入るので、そこが最終防衛ラインです。スタンドミラーもリクルートスーツを買うまでは持っていませんでした。

正確に言えば、接客や営業のアルバイトをするときなんかはさすがに多少気をつけていた気もします。でも、そういう事情でもなければ、長髪を後ろで縛って髭は伸ばし放題というのが基本スタイルでしたから、鏡なんて見ませんでした。

どうせ、さえないツラです。見たって何が変わるわけでもなし。2時間単位でどんどん人が出入りするタイプのラブホテルを清掃するアルバイト（20代に、1年ほど続けました）にそれほど清潔感は求められません。そして、たいていのアルバイトが僕よりも汚かったです。向こうもそう思っていたのでしょう。

ＡＤＨＤ傾向の強い男性には、僕と同じような習慣の人が多いのではないでしょうか。何せ、我々の朝はとにかく時間がないことが多い。女性は「化粧」という社会的制約があるので本当に大変だと思います。

正直なところ、女性の苦難について僕は想像がつきません。そういうわけで、電車の中で化粧する女性に文句をつけたくないという個人的な気持ちを持っています。同胞の可能性を考えると文句なんか言えません。トイレに寄る時間なんかない、そういうことはよくあります。少なくとも、僕が女性だったら確実に電車の中で化粧をする羽目になるだろうとは思います。

僕は現在営業マンとして働いているので、起床して出勤する前には習慣として身だしなみを整えますし、休日も可能な限りやります。金融機関勤務だった前職では、かなり気をつけていたつもりでも相当怒られましたので、神経質になりました。ハンカチにアイロンがかかっていないと叱られる職場でしたので、トラウマになったとすら言えると思います。

しかし「人並み」にやれているかというと、それは「できていない」としか言えません。そこで、代わりのハックをいくつも考えました。

ワイシャツも靴下も大量に予備を持て

本来、身だしなみにおいて重要なのは、前日のうちにきちんと必要な物を用意しておくということだと思います。でも、僕にそんなことはできません。

注意欠如が強いタイプの皆さんには、「大量に予備を持つ」というライフハックがおすすめです。コストはかかりますが、安心感が違います。**靴下は、全く同じ商品を20足くらいまとめ買い**してください。安物でいいです。洗濯の後の手間が劇的に減りますし、「かたっぽしかない」というあの悲劇が起こらなくなります。僕の場合、**ワイシャツは20枚、ベルトは5本、下着は20枚**揃えています。

僕も最低限の量しか持っていなかった就職活動時代、20代の頃は、出かけようと思ったらアイロンのかかったワイシャツが1着もなかったり、あるいは清潔な靴下がひとつもなかったり、ベルトが神隠しに遭ってしまったりしました。でも、現在は全て大量に予備があるので全く問題ありません。ベルトが見つからないので家から出られない。意外と切実なんですよ、あれ。

剃刀も爪切りも、かばんに全部入れておけば安心です

しかし、それでも髭を剃り忘れて出社することはいまだにあります。さすがに朝に鏡を見ないということはあり得ないのですが、どういう理由かわからないけれど剃り忘れた髭を認識できないことがあります。具体的に言うと、月に3回は最低でもある。

この解決策も簡単です。僕のかばんには剃刀とシェーバーが常に入っています。もちろん、歯ブラシもブレスケアも洗顔料もです。シャンプーと予備のネクタイまで入っています。

気づいたときに即対処するのです。致命的な身だしなみミスが発生している可能性

は常にあるので、道々にある鏡はなるべく見るようにしています。駅なんかは結構鏡がありますよね。

身だしなみや社会人マナーをトチったときのためのリカバリーアイテムは、とにかくかばんに突っ込んでおきましょう。爪切りや清潔なハンカチなんかも入れておいて損はありません。小さい消臭剤も1本入れておくととても便利です。そして、気づいたときにすぐにリカバーしましょう。僕は喫煙者なので、昼休みに煙草を吸った後にはせめてものマナーとして消臭剤を使います。

毎朝、完璧な身だしなみをするというのは、強い注意欠如を持った人間にとってはほとんど不可能に近いです。何かが抜け落ちることは当たり前に起こります。**問題は起きたときにリカバーできるかどうかだ、**という考え方に切り替えるのがおすすめです。

身だしなみとは少し外れますが、リカバリーアイテムという意味では「名刺入れ」みたいなアイテムの予備も必ずかばんに突っ込んでおくべきです。

僕は**名刺入れを4つ**持っています。**ひとつはかばんの中に、ひとつはスーツのポケットに、ひとつはデスクオーガナイザーに、ひとつは曖昧にどこかに。**そして、言うまでもありませんが予備の名刺もかばんの中に入っています。

会社から名刺を貰ったら、そのままスピード名刺屋に持ち込んで3倍くらいまで増やします。そして分散して各名刺入れや机上、あるいはかばんに分配します。これで一安心です。実は、スーツを着ず、大きいかばんも持たずに誰かに会う場合、たまに名刺を忘れることはいまだにあります。これは何らかの対処法を考えなければなりません。

ラフな格好でも名刺が必要になることはある。名刺を忘れて交換できなかった皆さん、本当にすいません。対策を考えます。

無駄に終わっても、「ドングリ」を埋めておこう

さて。現在でも1週間働いたら3回は「リカバリーアイテムがあって本当に助かった……」と思う瞬間があります。

初めて訪問するお客様のところで名刺を忘れるという失態を犯した。こういった事態の発生は加齢とともに多少減った気もしますが、根絶できる気は一切しません。リ

カバリーアイテムは準備しても無駄に終わるものも大量にありますし、ロスも出ます。しかし、それでもなお、やって損はありません。

子供の頃、リスが冬に備えてドングリを土に埋めて多くの場合そのまま忘れてしまうという話を聞いたとき、僕は「間抜けな話だなぁ」と思いました。しかし、現在僕は「リスはメチャクチャ賢い」と思っています。

埋めたドングリの多くがそのまま忘れ去られるとしても、それでも真冬にドングリを掘り出せれば命が助かります。そして、土の中にドングリが埋まっていると思えば、少しは心が楽になるはずです。冬に備えて、ドングリを埋めましょう。助かった、と思う日が必ず来るはずです。

まとめ

- ・ワイシャツ、靴下、ベルト、下着は安物を大量に買っておけ
- ・身だしなみは「整える」が無理なら外出先で「リカバリー」せよ
- ・名刺入れは4、5個用意し、あらゆる場所に入れておけ

Hack 21

「セルフモニタリング」で自分の調子を知る

僕は自分の調子がわからない

ところで、皆さん調子はどうですか。体調は良いですか。仕事は捗っていますか。パフォーマンスの出方は良いですか。それとも悪いですか。

僕は、全くわかりません。自分の調子が良いのかそれとも悪いのかすら、直感的に把握することができないのです。

体調は大体悪いです。仕事に取り掛かる前に体調が良かった試しはほとんどありません。たまに、強烈に「調子がいい」というときもありますが、それはたいていの場合、発達障害の二次障害として抱えている躁うつ病が躁に入ったときです。そして、このときは自分が「調子がいい」と思うほどにパフォーマンスは出ていません。前に出ているのは気持ちだけ。結果は全くついてこないという状態です。

自分が現在、ただちに休養が必要なレッドゾーンなのか、それともまだまだ頑張れる安全圏なのか。発達障害の傾向がある人がこれを把握するのはとても難しいとされています。

「無理をするな」と言われても、自分が現在無理をしているのか、それともしていないのかわからないのです。僕は「自分は頑張りがまるで足りない。いつも頑張るべきところで頑張れない」という無力感をずっと抱えて生きてきました。いわば、常に自分は怠けているという感覚があるのです。

しかしその一方、過労で倒れたこともあります。会社を経営していた頃は、無理をしすぎて動けなくなったことがありました。これは本当に周囲の皆様に大迷惑をおかけしましたし、言い訳の余地もないのですが。しかし、僕は倒れるそのときまで、「自分は怠けている。頑張れていない」と認識していました。

実際のところ、主観的に体調は常に悪いので、そのとき際立って状況が悪いとは自分では認識できなかったのです。しかし、当時の部下に聞いてみると僕の仕事はまるでメチャクチャで、重要な仕事を社長である僕から取り上げなければならない状態にあったそうです。周囲から「休め」と言われても、僕は**「自分は怠けている。働くべき量だけ働いていない」という強迫観念に突き動かされ、倒れるまで止まれませんでした。**本当にご迷惑をおかけしました。

こういったエピソードはこの本を書くに当たってヒアリングを行った多くの発達障害を持つ人々から聞きました。「あなたもですか」と何人と笑い合ったか（笑う以外どうしたらいいだろう?）。

もしかしたら、発達障害を持つ人に限らないかもしれません。倒れるまで働いた皆さんはたいてい、自分が倒れるなんて思っていなかったのではないでしょうか。

自分を定点観測する

自分の「調子」を自分で把握することを、「セルフモニタリング」と呼びます。これは感覚的に行えない以上、定量的にやるしかありません。あなたの仕事の量、そして精神肉体への負荷、そして実際に出ている作業効率。これらを定点観測する癖をつ

自分の「定点観測」の方法

書類作成の量（1日あたり）

日付	コンサータあり	コンサータなし
5/14	6	
5/15	4	
5/16		2
5/17	4.5	
5/18		3

成果物もミスも両方増えているときは「躁状態」のこともあるので要注意。

けましょう。

何時間働き、どれだけの成果を出しているか。僕は1日の作業量を手帳に〜時間、という形で書き付けています。

やり方はシンプル。手帳に服薬の有無、睡眠時間、仕事の成果などを定量的にメモするだけです。

セルフモニタリングは、自分が全くモチベーションを出せていないことに気づくのにも有効です。時間に対しての生産物を確認すれば、自分の状態がそれなりに見えてきます。

僕自身書き出して初めて気づいたのですが、**自分の感覚と実際の作業成果は思ったほど連動していません。**できているつもりができていなかったり、あるいはまるでダメだと思っても作業効率自体はそう悪くなかったりします。そして僕の場合、作業効率は信じられないほど変動しています。10倍の違いはザラにあります。

人間は無理をしすぎると壊れます。発達障害を持つ人間は、二次障害という恐怖もついてきます。僕はすでに躁うつ病を発病してしまいましたが、これは一度発病するとリカバリーに思った以上に時間を食います。精神の疾患は一度罹患すると本当にしつこい。これを回避するためにも、自分自身を客観的にモニタリングすることを忘れないでください。そして、「壊れる」ことを回避することは何よりも優先してください。

まとめ

- もし、常に「自分は怠けている」と感じているなら、要注意
- 自分を客観的に定点観測するために、ノートに成果の記録をつけよう

第4章

厄介な友、「薬・酒」とどう付き合うか

【依存】

発達障害式「依存」の原則

薬と酒は、呑まれるな、飲め

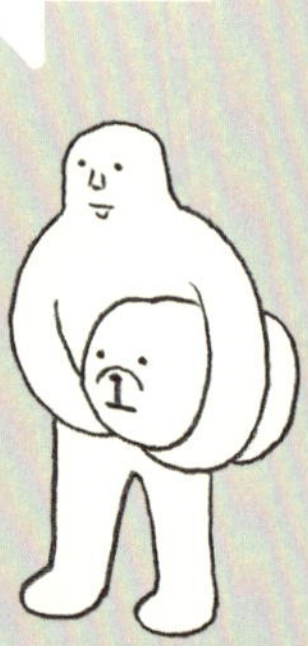

これはＡＤＨＤ傾向の強い人間にとって非常に重要な概念ですが、我々は本当に信じられないほど依存に弱いです。

かつて、インターネットの世界には薬物乱用と放逸な行動、そして自傷や自殺未遂といった行為を繰り返す有名人が何人かいて、何人かが亡くなりました。僕はそれを、睡眠薬とお酒を飲みながら眺めていました。正直なところ、共感する気持ちもとてもありました。いえ、実を言えば今でもあります。それは認めざるを得ません。彼らの死は、このクソくだらない社会への抵抗であるかのようにも見えました。

実際のところ、僕も死んでいった彼ら、あるいは彼女らと似た精神構造を持っているのでしょう。薬物乱用も散々やってきました。

僕の中には、どうやっても拭えない死への渇望があります。僕のこのアップダウンの激しい人生、あるいは「起業」みたいな強力な行動力が必要なアプローチ、それは「生きたい」という気持ちと「死にたい」という気持ちが混ざり合った結果生まれたものです。いわば、ヘロインとコカインを混ぜたスピードボールみたいなものですね。

生きたいという気持ちと死にたいという気持ちが混ざり合ったところに、強烈な動きが生まれていたのです。しかし、それは到底制御可能なものではありませんでした。

「ホーリーフール」という言葉があります。すごく卑近な言葉で言うと、「破天荒な面白い人」です。僕も、一種のホーリーフールとして周囲に受容されてきたのではないかと思います。もちろん9割以上の人は異常な人間として見ていたでしょうが、一部そういった人間を非常に好む人たちもいます。僕もその1人です。

しかし、ホーリーフールたちは死んでいきました。インターネットの有名人たちも、僕の友人も、どんどん死んでいきました。僕は死にぞこないました。きっと彼らほど僕は強い意志を持っていなかったのでしょう。

臆病者で、吹っ切られない中途半端さが僕を救ったと思います。実は、僕の中にそれを恥じる気持ちがあります。「死ぬと思って生きてきたんだ。ちゃんと死ねよ、おまえは死にたいんだろう」と僕の中からはいつも声がします。「そのとおりだ、死ぬよ」とうっかり応えてしまうこともあります。

僕はツイッターで「死にたい」という感情をぶちまけていることがよくあります。僕もまた、死んだ彼らの同類なのです。そして、そこから得られる人の承認や、あるいは心配してもらえる、気にかけてもらえるということは、人生を通しての喜びでした。

この「死」への渇望を強烈に加速させるのが、薬の乱用です。正直、睡眠薬とお酒の組み合わせは、覚せい剤よりも危険だと僕は経験的に思っています。覚せい剤と違って、睡眠薬とお酒では逮捕してもらえませんからね。

友人のアルコール依存症患者が言っていました。「シャブ中はいいよ。逮捕してもらえるから」。これは、僕の経験からしても「まさにそのとおり」だと思います。お酒も処方薬も、簡単に手に入ります。これを止めるのは、とても難しいことです。僕は睡眠薬依存が強いのですが、アルコール依存はそれほど強くなく、また若い時期の短期間に一気に強度の依存に陥ったのでたまたま生還できただけだと思います。

でも、これだけは確かなこととして言えます。薬の乱用は、危険です。自分自身の経験に照らしても、明らかに危険なことです。「乱用がやめられない」なら、医者に相談する以外手はありません。

薬もお酒も、正しく使えば人生をとても助けてくれます。僕の不規則な生活に睡眠薬は欠かせませんし、コンサータのない日常などもはや想像したくもありません。しかし、この**「便利なもの」が「命の危険をもたらすもの」に化けることだけは必ず覚えておいて欲しいと思います。**僕は薬の乱用をされている方を責める資格がありません。だから、こう言います。

僕もやらないように頑張るから、あなたも一緒に頑張ろう。

やっていきましょう。

なお、この章で紹介する薬のレビューはあくまで僕個人の感想であり、薬の効能には個人差があります。あくまでご参考程度にお願いいたします。

Hack 22 薬の飲み忘れと紛失をゼロにするすごい「仕組み」

薬をきちんと服用することはとても難しい

僕は現在、働いて暮らしていくためにいくつかの薬を服用しています。

・ADHDの処方薬である**コンサータ**
・頓服の安定剤である**ソラナックス**
・二次障害である双極性障害の薬である**エビリファイ**
・睡眠薬の**マイスリー**と**ロヒプノール**

重たい二次障害を持った発達障害者としては、少ない部類かもしれませんね。
発達障害、それもADHDという障害を持つ人間にとって、「正しい服薬習慣」を身につけるのは簡単なことではありません。「服薬は正直なところいい加減」という人は、かなり多いと思います。これを身につけるのに、僕は非常に苦労しました。

例えば、前述のエビリファイは毎日飲み続ける必要があります。これは、双極性障害（躁うつ病）の「躁」症状を抑えるために非常に重要な服薬なのですが、主観的には薬効をほとんど感じ取ることができません。そのため、「頭が痛いから頭痛薬を飲む」のとは全く違う服薬態度が必要になります。

躁症状は、基本的には非常に自覚しにくいものです。それどころか、むしろ万能感や爽快感を伴います。しかし、躁状態は非常に破滅的な結果をもたらします。というか、もたらしました。

そういうわけで、何としても薬で抑えておく必要があるのですが、自覚症状がない病気の治療をするための薬を毎日規則的に飲み続けるというのは、ＡＤＨＤ当事者である僕にとって非常に難しいことです。実際、過去に何度も勝手に服薬を中断した結果、躁症状で非常に痛い目を見ました。

僕の担当のお医者様いわく、「服薬コンプライアンスさえ守れれば、病気の４割は治ったようなもの」とのことでした。どんな薬も、飲まなければ効きません。普段は飲み忘れ、たまに大量に飲む。そういうのは本当にダメです。

仕事の3原則は服薬にも使える

僕の服薬ハックは第1章の「仕事」の原則をそのまま敷衍したものです。ちょっと思い出してみましょう。

1 集約化（ぶっこみ）
2 一覧性
3 一手アクセス

この3つでしたね。

まず、薬は仕切りで区分けされた**一覧性の高い整理ボックスにひとまとめにして、自室の非常に目立つところに配置**してあります。フタはあってもリスクを増やすだけなのでむしり取りました。というのもフタを閉めた場合、僕はその上に物を積み上げる可能性が極めて高いからです。目に入らない物は存在しない物。原則です。

薬局から薬を貰って帰ってきて、それを袋から出して小分けする作業は非常に面倒

薬は袋に入れたまま放置しない

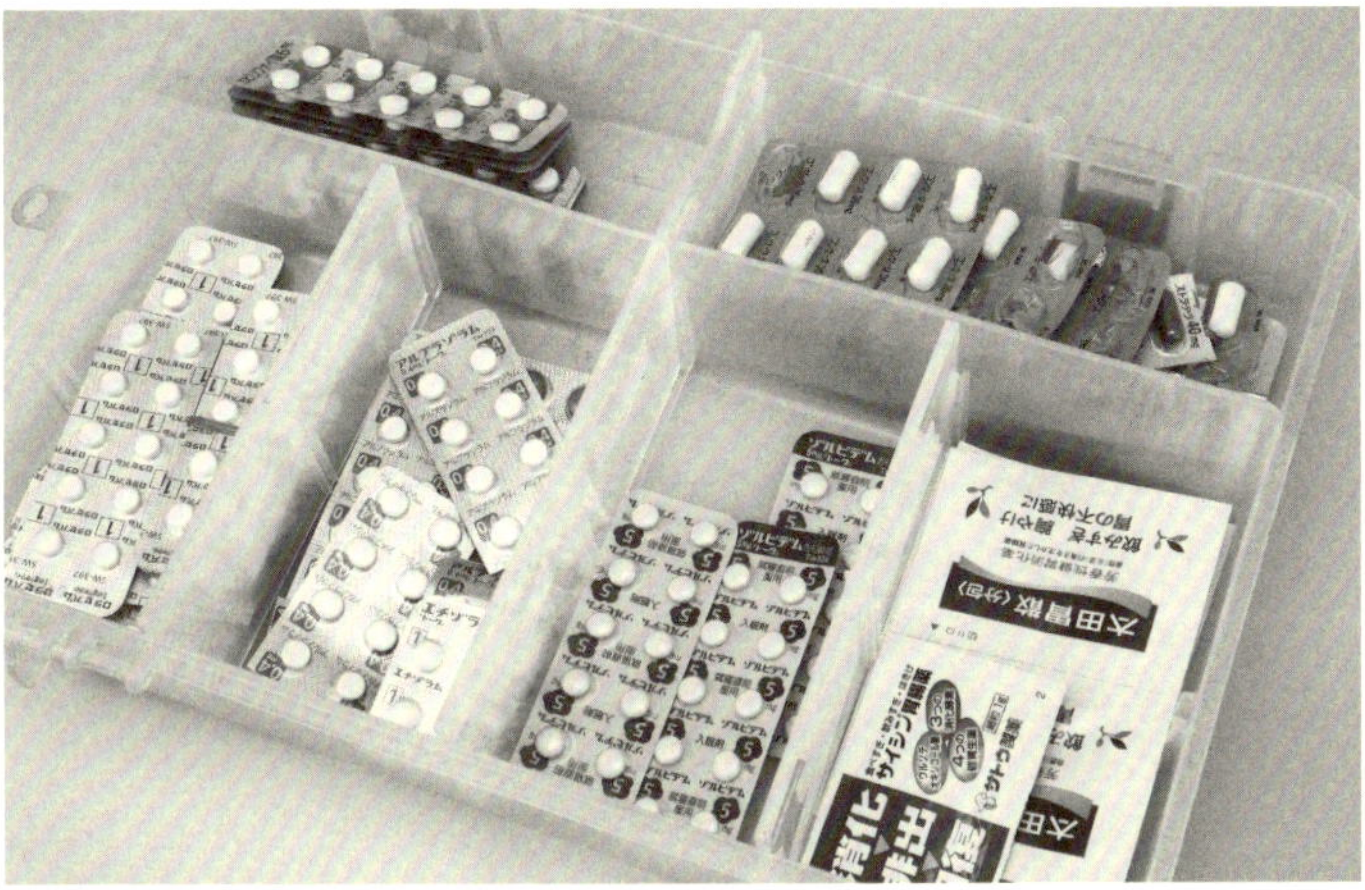

ボックスのフタは薬が見えなくなるので、むしり取った。

で、つい袋に入れたまま放置したくなりますが、それは絶対に禁止。最低でも、**処方薬は袋から取り出してボックスに投げ込む**ところまではやるというルールを定めています。「ぶっこみ」ですね。

それもどうしてもやれない日、というのもあります。そういうときは、袋のままボックスの上に置いておきます。最低限度をここに設定しています。貰った薬をどこかに置き去りにして紛失したことは、一度や二度ではありません。後述しますが、コンサータは薬の性質上、絶対に紛失するわけにはいかない薬です。とにかく気をつけるしかないので、「病院の帰りはどこにも寄らない」「手放さない」などを徹底しています。コンサータは二度三度と紛失した場合、本当に処方されなくなる恐れすらあります。僕の名前が印字された袋に入ったコンサータが誰かの手に渡るのもあまり考えたくない事態です。

さらに、「飲み忘れ」の保険もかけてあります。**かばんの中には薬の入ったケースを常に忍ばせてあります。**コンサータは最悪、服用を忘れても仕事の作業効率が落ちる程度で済みますが、躁の気配が出ているときにエビリファイを飲み忘れるのは非常に危険です。もちろんコンサータも保険用の分を持ち歩いてはいます。また、頓服の安定剤なども絶対に必要なので、常に携行しています。とにかく「ぶっこみ」です。

頓服の安定剤などは飲まない日が続けば余剰分ができますので、スーツのポケットや私服のポケットなど、あらゆる場所に忍ばせてあります。

薬のために、晩酌はしない

また、就寝前の睡眠薬は忘れにくいのですが、アルコールと併用するわけにはいきませんので、晩酌の習慣を捨てました。これもまた、服薬のための努力と言えると思います。僕は自宅でほとんどお酒を飲みませんが、飲むときは夕食時に飲み、服薬までの時間を取る努力をしています。

スマートフォンのアラームなどを活用するのも便利です。僕は、巨大な音の鳴る目覚まし時計とスマホの目覚まし機能を併用していますが、毎朝スマホの画面上で「服薬」という文字を眺めることができます。1回セットしたらスマホが存在する限り毎日鳴るように設定できますので、これはおすすめです。

メーカーの皆さんに提案ですが、月に1回くらい薬をセットしたら、毎日所定の時間に大音量が鳴り響き、ボタンを押して止めたら薬がコロンと出てくる時計とか作れないでしょうか。僕は欲しいです。これさえあれば朝の飲み忘れだけは確実に防げますし。薬のセットは薬のフィルムから錠剤を取り出してセットする形だと面倒すぎてやらなくなる可能性が高いので、そのままの形で一手でセットできると最高です。

まとめ

- 正しい服薬習慣をつければ、病気は4割治ったようなもの
- 薬は常に見えるところに置く
- 飲み忘れの保険として常に持ち歩く

Hack

23 コンサータを飲んでみた感想
——ないと「事務ミスドミノ倒し」が発生

● **薬が使えなくならないために、乱用をやめましょう**

現在、日本国内において、発達障害そのものに処方される薬は2種類しかありません。ADHDに処方される「コンサータ」と「ストラテラ」の2つだけです（※小児用としては、他に「インチュニブ」があり）。そして、僕はこの両方を飲んだ経験があります。コンサータは今も飲み続けています。

薬物としての詳細なお話は、それぞれ専門の方が解説してくださっている知見がありますので、僕はあくまで当事者一個人として、これらを服用してみた結果についてレビューさせていただこうと思います。ストラテラは1年弱、コンサータも1年半ほど服用を続けています。

コンサータはかつて乱用が社会問題となって規制されたリタリンという薬を改良し、依存性などの問題点を取り除いた薬です。浸透性徐放効果送出システムという技術が採用されており、簡単に言えば少しずつ少しずつ、12時間かけて薬効成分が溶け出すように設計されているそうです。

確かに、僕が記憶しているリタリンの作用とは全く別物で、飲んだ途端に覚醒作用が出て精神状態に変化が出るという薬では全くありません。本当にリタリンと同じメチルフェニデート塩酸塩なのか、と疑いたくなるくらい僕の主観としては別物です。

しかし、やはりかつて乱用が問題視された薬物と成分的には同一であるため、現在も非常に厳しく流通が規制されています。しかし、これは本当に残念なことですが、インターネットを調べると乱用を示唆するような書き込みが見受けられます。また、「カプセルを砕いて飲んだ」という話をされている方もいます。

もちろん、コンサータはすでに乱用への対策が施された薬ではあるので、リタリンのようなことになる可能性はそれほど高くないとは思っていますが、それでも社会問題にでもなったら何もいいことはありません。それに、おかしな飲み方をしてもいいことはないですよ、と心からお伝えします。僕は54ミリを処方されていますが、「うっかり2回飲んだ」ときは焦燥感と不快感で本当に辛い思いをしました。

万が一、乱用が問題視されてコンサータが処方されなくなるようなことになったら、コンサータを服用しているADHD当事者全員に非常にネガティブな影響が出ます。僕はコンサータなしで生きろと言われたら、現在の勤め人が続けられるか続けられないかの瀬戸際くらいまでは追い込まれるでしょう。本当に、乱用はやめて欲しいと思います。僕もやらないことを誓いますから。お願いします。

【メリット①】集中力3割増し

事務処理なんかをしているときは「本当に助かるなぁ」と思います。僕は今基本的には営業マンなのですが、事務処理や雑務もそれなりにやらないといけないので、コンサータなしに仕事は成り立たない……とまでは言えないけれど、ないと辛いです。

集中力と言ってもひとつの物事に完全に没頭するタイプのものではなく、複数の流れの書類の処理をこなしながら電話応対をしつつメールを返していく、みたいなジャグリング系の仕事に効果を発揮します。

これは科学的根拠に乏しいのですが、短期記憶力も向上する気がします。「この仕事が一段落したらあれをやろう」ということが多少できるようになりますね。また、フットワークが軽くなるので「忘れないようにタスクを付箋に書いておこう」といったこともできるようになります。これができると集中が掻き乱されないので、複合効果でさらに集中力が伸びていきます。

事務処理は1日にこなした量が定量化しやすいので、ある程度手帳にメモを書きつけるようにしていますが、コンサータを飲まなかった日と飲んだ日ではタスクの消化量に2〜3割の差が出ます。たまに差を比較するためコンサータを服用せず仕事に出てみたりもするのですが、何度やっても「やはりコンサータに金をかける価値はある」という結論になります。

【メリット②】昼間の眠気消滅

最もありがたい効果なのですが、業務中に襲ってくる睡魔がピタッと止みます。僕は昔「支店長と面談している最中に寝る」という大技をかましたくらい、日中の眠気がひどい人間だったのですが、どうもこれは発達障害由来の症状であったようで、コンサータを飲むようになってからは完全に消滅しました。「興味が持てない情報をインプットする段になるととんでもない眠気が襲ってくる」という症状にお悩みの皆さんには試してみる価値がある効果だと思います。

【メリット③】動作性の改善

科学的根拠は微妙なのですが、コンサータを飲みだしてから妻に指摘されたこととしては「ギターがうまくなった」というのがあります（まぁ、下手なんですけど、下手なりに）。それに、例えば書類をクリップで整理したりホチキスでまとめたりといった作業もうまくなった気がします。

僕は昔からこういった作業がとにかく苦手で下手だったのですが、最近は「できると楽しいな」という気持ちが生まれてきました。書類がピシッと角が揃った状態で整理されているのはとても気持ちがいい。この感覚も、コンサータを服用し始めてから生まれたものです。

【デメリット①】意欲の向上には効果なし

ADHD特有の先送り癖の改善、「やろう」と思ってから手をつけるまでの時間のラグには僕の場合全く効果がありませんでした。コンサータを飲んでいようと飲んでいまいと、物事に手をつける苦労はほとんど変わりません。

そういう意味では、上司に監視されながら仕事をこなすみたいな状況下では効果を感じやすいけれど、自宅で1人仕事をしている、みたいな皆さんにはなかなかメリットを享受しにくい側面もあると思います。また、性格が変わるような劇的な効果があるわけでもないので、夢の薬では全くないです。

【デメリット②】薬が切れるとガッツと落ちる

コンサータの効き目は12時間と聞きますが、僕の場合は10時間程度ですね。仕事から帰ってきて1時間は虚脱しながらボーッとツイッターをするなどしています。大体ですが、朝の7時にコンサータを飲んで19〜20時に帰宅するので、帰宅してからブログを書くときなどは、脳を執筆のテンションに持っていくのにはそれなりに苦労しています。コートを脱ぐ、というタスクすらままならないほど虚脱していることも多いです。
残業などで仕事中に切れたときは、カフェインでしのぐのが必須ですね。カフェイン単体だと焦燥感が出てきてしまうことが多いので、安定剤とカフェインは常にポケットに入っています。

【デメリット③】発想力は2割減

良いことなのか悪いことなのか半々というところですが、ポンポンと思考が飛躍していくあの感じはかなり減ります。強烈な閃きやアイデアなどは出にくくなります。まぁ、今の生活でそういうものが必要なのはブログを書くときくらいなので特に問題はないのですが。思考が全体的に堅実になる感じがします。

【デメリット④】副作用が出始めた（頭痛、吐き気、焦燥感、寝つきの悪さ）

飲み始めて半年ほどは何の副作用も感じていなかったのですが、1年が経とうとする現在、明らかに副作用を感じ始めています。
まず、頭痛です。コンサータを飲んで、1時間ほどするとかなりひどい頭痛が襲ってくるようになりました。おかげで、頭痛薬が手放せなくなっています。僕は人生で頭痛というものをほとんど感じたことがないタイプなのですが、かなり厄介な副作用です。頭痛薬を飲めば治まるのでその点は助かるのですが、頭痛薬が手元にないと非常に辛いことになります。

また、吐き気を伴った「おくび」のようなものが出るようになりました。これは服用直後から発生し、時間経過とともに軽くなっていきます。明らかに服用時だけに発生するので、これも副作用でしょう。耐えられないほどの不快感というわけではないですが、非常に不快です。ただ、吐き気と言っても胃から来るものではないようで、胃薬などは全く効果がありません。

さらに、焦燥感も感じるようになりました。こちらも服用から2～3時間後に最大になり、その後沈静化していきます。安定剤で抑え込んでいますが、それなりに不快ではあります。また、コーヒーなどカフェインを含む物を摂取すると、焦燥感が増すことも経験的にわかってきました。カフェイン単体でも焦燥感は発生し得るのですが、コンサータとの相性はやはり良くないようです。

最後に、コンサータを飲んだ日の寝つきの悪さも気になってきました。最近は、コンサータを飲んだ日に睡眠薬を使わず眠れた試しはありません。12時間で効果は切れるはずなのですが、明らかに変化が出ています。こちらも睡眠薬で対処可能ではあるのですが、厄介な副作用です。

まとめ

- （コンサータに限らないが）絶対に乱用しないこと
- 日中の睡魔、事務仕事に効果あり
- 諸々の副作用には要注意

Hack

24 ストラテラを飲んでみた感想
——僕は今飲んでいません

人によっては救いになる可能性も

僕のストラテラに対する感想は概して非常にネガティブですが、「思考の奔流が止まる」「外界に対する過敏性が減る」といったクリティカルな効用はありました。

僕がストラテラを飲むことは多分もうありませんが、飲んだことのない人は試してみるのもいいかもしれません。ただ、副作用が出た場合かなり苛烈なものになる可能性があるので、**専門医の服薬指導の下で服用する**ことを強くおすすめします。

また、最近は規制されるのではないかとの暗雲が漂ってきました。記憶力や思考力が高まるとされる「スマートドラッグ」としての乱用が問題視され始めたからです。

個人輸入は現在のところ違法というわけではないですが、やめたほうがいいと心から思います。個人輸入で勝手に飲んだ薬で何が起きても自己責任になります。僕は、個人が合法的に入手した薬物を自己責任で摂取することを完全に否定する立場ではありませんが、それでもやめたほうがいいと思います。

だってストラテラを定型発達者が飲んでもそんな効果が出る気はまるでしないよ……と小声で言っておきます。

【メリット①】頭の中で渦巻く思考がピタリと止む

ストラテラを飲んで一番驚いたのは「あ、俺今何も考えていない」という体験をしたことです。

僕は常に頭の中であらゆる思考がごちゃ混ぜになりながら高速回転しているタイプです。また、それは音声のイメージを伴うので、完全に過集中に入っているとき以外は目を覚ましている限り雑音が鳴り続ける場所にいるような感じです。思考の対象はひとつではなく、漠然とした複線的な思考がとめどなく続くので、うまくコントロールができないときなどは生きているだけでとんでもなく消耗します。

ストラテラを飲んでまず感じたのは、「世界が静かだ」ということでした。これらがピタッとやんで、シーンと静まった思考がやってきたのは非常に驚きましたね。

【メリット②】外界への過敏性が低下する

考えようによってはポジティブな効果とも言えると思いますが、音楽などを聴いてもあまり心に沁み入ってくる感じがなくなります。僕は音楽が流れていると常にその音楽について考えてしまって（正確に言うと、ボーカルがいて歌詞が聞き取れるとまずアウト。インストなら多少は大丈夫。特徴がありすぎるものは無理です）脳が全く稼動しなくなるのですが、ストラテラを飲むと「聞き流す」ことが可能になります。

また、他人に怒鳴られるなどの状況になってもパニックは起こしにくくなると思います。ちょっと距離をとって物事を見られるようになる、という感じもあるかもしれません。発達障害由来の外界への過敏性は抑えられるのでしょう。

【デメリット①】強烈な無力感と希死念慮、そして嗜眠

僕がストラテラを飲んでいたのは、人生が谷底に向かって転げ落ちていく時期でし

た。そのため、この副作用はストラテラが全て悪いというわけでもないかもしれません。それでも、これは強烈でした。何をする気力もなくなり、とにかく死にたいという気持ちが襲ってきました。思考自体は静まっているのですが、ベッタリとへばりつくような、とりつくところのない壁のような「死にたい」という感情が四六時中頭から離れなくなりました。

この時期はひたすら眠りました。正確には仕事はしていたのですが、仕事が終わったら全てを放り出して眠っていました。眠っているときしか希死念慮から離れられなかったからです。とにかく「いくらでも寝られる。どれだけ寝ても寝足りない。起きていても死にたいだけだから目を覚ましたくない」という状態が果てしなく続いた時期でした。辛かったです。

【デメリット②】食欲の強烈な減衰、排尿困難

僕は体格のいいほうで滅多なことでは食欲を失わないのですが、ストラテラを飲んでいた時期は人生で最も食欲がなかったと言えると思います。食べられないんです。また、感覚に靄がかかったようになっているので、何を食べても味がしない。正確に言うと「味覚」は正常に稼動しているのですが、「うまい」と感じたときに脳の中に分泌される幸せ成分が1ミリも出てこない、という感じでした。

また、現実的に一番困ったのが「尿が出ない」という地獄のような症状でした。排尿困難というやつですね。もちろん、「全く出ない」というわけではないので時間をかければ排尿できないこともないんですが、大変に苦しいものでした。また、この手の薬にはありがちな話ですが、男性としての機能は完全に死にます。

人によっては「合う」という話も聞くので、効果には非常に個人差があるという前提で適切に服用されることをすすめます。

まとめ

- 副作用が強いので専門医の服薬指導の下で服用すること
- 外界への過敏性は抑えられる
- 著者の場合、食欲の減衰、排尿困難が発生

Hack

25 飲んでいい酒、飲んではいけない酒

依存症患者の9割が「自分はまだ大丈夫」と思っている

睡眠薬、アルコール、ニコチン、各種脱法ドラッグ……。僕は本当に四季折々の依存性物質に耽溺してきました。友人、知人の発達障害者も少なからずこの傾向があります。

圧倒的に怖かったのはアルコールと睡眠薬です。これはもう本当にひどくて、最悪の時期は朝起きたらとりあえず飲んでいました。

本当のことを言うと、究極的には「お酒は飲まない。あらゆる依存性物質は摂取しない」がおすすめです。とにかく、依存性物質というのは生活の中に入れなければ無

関係でいられるわけで、入れなくて済む物は入れないというのが最適解です。喫煙習慣なども現時点でない方は吸わないのがベストです。やめられませんので。

僕も、アルコールと睡眠薬を併せて飲む習慣がついた後は、結局入院するまでやめられませんでした。退院後もちょくちょくやってました。すいません。

「自分はまだ依存症ではない」と、たいていの依存症患者は思っています。僕の周囲にも明らかにアルコール依存症であることが明白な、それこそ仕事の間に隠れてお酒を飲んでしまう人たちがいますが、彼らは一様に自分が依存症であることを認めません。アルコール依存症が否認の病と言われる所以がよくわかります。

とても悲しいことですが、友人がアルコール依存症に陥っていくのに気づいたとしても、できることはほとんどありません。これは僕も諦めの境地です。

「飲むべきではなかった」というタイミングでお酒を飲んでしまう人は、すでに依存症に至る最初の関門を踏み越えています。誰かに見られたくない、知られたくないと思いながらお酒を飲んでいる人は、すでに依存症であると認識していいと思います。自覚がある方は早めに専門機関で受診し、抗酒薬などを処方してもらうことをすすめます。

アルコール依存症の回復率は諸説ありますが、調べてみると低いもので10%、少し高いものでも20%とか30%といった厳しい数字が並んでいます。また、僕の周囲を見ていてもこれは正しい数字だと思います。アルコール依存症から生還した人間は、僕の周囲にもほとんどいません。だから、「誰がどう見ても依存症」という状態になる前に治療することが、本当は一番大事なのではないかと思います。

飲酒から「文化的な側面」が失われ始めたら危ない

また、アルコール依存症に関してはもうひとつ重要なことがあります。これは僕の周囲の依存症患者を見ていて思ったことですし、また僕自身が依存症との際を行き来して感じたことでもあるのですが、飲酒という行動から文化的な側面が失われ始めたら非常に危ないということです。例えば、気の置けない友人と美味しいつまみをつきながら飲むお酒には、それほど高いリスクがあるわけではないでしょう。

一般的に、あらゆる酩酊物質を楽しむには「セッティング」が重要とされています。これは、日本ではあまり馴染みのない概念ですが、アルコール以外の酩酊物質が合法の国では非常にメジャーな概念です。日本では、お酒以外の酩酊物質が禁じられており、また「酒」というのはあまりに日常に溶け込んでいるものですので、酩酊物質といかに付き合うかという文化があまり育たなかったのかもしれません。

そういうわけで、**「いかにお酒を飲むか」というのは、何をどれくらい飲むかよりも重要なこと**だと僕は思うのです。

お酒を飲むというのは、アルコールという酩酊物質を体内に取り込むという意味では必ずしもないと思うのです。それは、文化を飲むことだと思います。誰と、どんな理由で、どんな場所で、どのように飲むか。それが一番重要なところでしょう。

しかし、依存が深まるとこれらの文化はいとも簡単に失われます。仕事に追い立てられて焦燥感に駆られながら明け方に流し込むお酒に文化があるわけがありません。仕事の合間に人の目を掻い潜りながら飲むお酒は、もはや単なるドラッグです。

また、文化の欠損を加速させるのが貧困です。お金がなければ、必然的に飲むお酒は望んだものではなくなりますし、飲酒を行う場所や機会も選びにくくなる。**とにかくアルコールが入っていればいい。どんな場所でもとにかく飲めればいい。こういう態度は、すでにアルコール依存症の一里塚を越えています。**

重症のアルコール依存症患者の周囲に文化が残っているのを、僕は見たことがありません。当たり前です。依存症が進めば周囲の人間も離れていくし、仕事も思うようにできなくなる。当然のごとく発生する負のループが、人間から、あるいは飲酒から文化や文脈をことごとく奪い去ります。

全てが奪い去られた後に何が残るか、少し考えてみてください。それは恐ろしいことです。つまるところ、人間は最終的に飲むために飲むようになるのです。これは、合法違法を問わずあらゆる酩酊物質で起こり得ることだと思います。

文化はお金を出さなくても見つけ出せる

文化は往々にして高くつく。それはそのとおりだと思います。3万円のフルコースに合わせてワインを飲めば依存症のリスクは小さいでしょうが、誰しもそんな文化を享受できるわけではない。

だから、あなたや僕のような人間にとって非常に重要なのは、自分なりのささやかな文化を見つけ出し、その文脈の中で飲酒を行うことだと思います。

これはなかなか恥ずかしい話ですが、僕にとって卒業した大学のカルチャーはかなり「文化」としてありがたいものです。そこにはとにかく、金はなくても、地位はなくとも、名誉も成功もなくとも、それはそれでいいだろう、というカルチャーがあります。もしかしたら実はなくて、僕があると思い込んでいるだけなのかもしれませんが、別にそれでも同じです。僕らにとってはあるんです。2人いれば文化は生まれます。だから、いまだに大学の近くに住んでいます。

これはいい年こいてマトモに食えていないおっさんたちの慰めのカルチャーでもあります。

でも、2000円でベロベロになるまで飲める居酒屋で「実は最近また文章を書いてるんだよ。小説じゃないけど、本になりそうなんだよね」「なんだ？　純文学大好き借金玉が意地を曲げたかぁ？」みたいな話をしながら飲む酒には、意味づけができる。そういう酩酊は、救いになり得ると思います。

いまだに作家を目指して大学近くの三畳間に暮らしている友人がいるのはとてもありがたいことです。傍から見ればみすぼらしくて情けない文化だとは思いますが、僕にとってはこの上なく大事なものです。これさえあれば、文化としての飲酒ができますから。

あまりお金のかからないささやかな楽しみ、そしてそういうものを同じくらいの目線で共有できる人間関係。そういったものがあれば、人間は結構死なない。本当に大事にしたほうがいいですし、もし「ない」のであれば、インターネットがとても助けになります。あそこには、いろいろな立場の人たちがそれぞれに群れていますし、あなたにぴったりの場所が見つかるかもしれません。

まとめ

- 酒から「文化」が失われたら危ない
- ささやかな楽しみを同じ目線で共有できる人と、お酒を飲もう
- もし文化を共有する友人がいないなら、インターネットが助けになる

第5章

僕が「うつの底」から抜け出した方法

【生存】

発達障害式「生存」の原則

「死なない」は全てに優先する。休め

発達障害を抱えて社会を生きていくということは、程度の差こそあれ非常に高い負荷のかかるものです。そういうわけで、当然の帰結としてそこから二次的にさまざまな問題が起こります。これがいわゆる**二次障害**です。

僕は躁うつ病を患いましたが、うつ病の方もいらっしゃいますし、不安障害や強迫性障害といったもの、あるいはアルコール依存症なども二次障害に含める考え方もあるようです（僕はこの考え方は極めて妥当だと思います）。

実際、僕は発達障害に気づく以前は双極性障害の治療だけを長いことしていました。二次障害で医療機関を受診したら発達障害が判明したということも多いでしょう。

二次障害を併発していない純粋なる発達障害というケースは、僕の知る限りあまり多くありません。

さて、この二次障害について一番重要なことは、「それは最悪死に至る」ということです。15〜25%とすら言われる自殺率のうつ病は、「心の風邪」なんていう生易しいものではなく、明確に死に至る病です。僕自身も、双極性障害からの回復には非常に長い時間を要しましたし、現在も注意を払い続けて付き合っています。いつか完治したと疑いなく思える日が来るといいのですが、これまで何度もあった「完治した」という感覚は、躁状態のもたらす思い込みに過ぎませんでした。

「自分は能力的に問題があるのだから人より頑張らなければならない。辛さに耐えなければいけない」という考え方は、発達障害を持ちながら働いて暮らしていたり、あるいは学校などに通っていたりすると必然的に生まれてくるものだと思います。

それは必ずしも間違ったものではないし、やる気そのものは大事だとは思うのですが、それでも二次障害のリスクを軽く見てはいけない。僕は本当に心からそう思います。「頑張って死ぬ」というのはあまりにも皮肉なことですが、僕自身のモチベーションが「頑張って死にたい」だった時期は確かにありました。

一度、重篤な精神的疾患を患ってしまうと、そこからの回復は容易ではありません。ほとんどの場合、なんとか社会生活が平常どおり営めるところまで回復するのに年単位の時間を要します。これは運の良いケースです。

それを踏まえて、「逃げる」という判断は常に間違いではない。「休む」という決断はどんなタイミングであっても最悪の判断にはなり得ないということを覚えておいてください。ベストではないかもしれないけれど、ベターではあり得るのです。逆に、辛さに耐えて耐えてついに限界に達した場合のダメージはそう簡単には抜けません。

僕は小学生の頃から精神科に通っていますが、本当に長い付き合いになったものです。かれこれ20年以上です。その間ずっと、悪化したり小康状態に戻ったりの繰り返しです。

現在でも、いつ動けないくらいのうつ症状が、あるいは何もかもをハチャメチャにブチ壊すような躁症状が来るか怖くて仕方ありません。明日、自分がきちんと仕事ができるのか自信が持てないまま生きるのは結構しんどいことです。

もしかしたら、小学生のときに発達障害の診断を受けて、自分と社会の間にある折り合えなさの理由を理解していたら、そして適切なタイミングできちんとした休みを取り、また社会に対応していく訓練を早いタイミングで始められていたら、せめてこの厄介な双極性障害だけは回避できたのかもしれないと思うと、なかなか悔しいものがあります。

まだ二次障害が発現していない発達障害者の皆さん、あるいは発達障害を疑う皆さんもこのリスクは覚えておいたほうがいいです。そして、二次障害の回避には、とても高い優先度を設定しておくべきです。何せ、命がかかりますから。

繰り返し述べているように、**生存は全てに優先します。逃げていいし休んでいいのです。**

努力なんてものは、やりたいときにやるべき環境が整っていたらやればいいことです。また、現在二次障害を患っている皆さん、どうか焦りすぎることなく心と身体を回復させることを優先してください。これだけ精神の疾患を患う人が増え、社会的にも知られるようになった現在でも、「うつは甘え」というあの言葉に集約される考え方を持っている人はいます。どうか、そういった言葉を真正面から受け止めず、自分の心を守っていってください。

二次障害の解決は僕にしても人生の間に達成できるか怪しい目標です。もしかしたら、一生この病気と付き合っていくのかもしれません。また、どこかで転げ落ちてしまうのかもしれません。

しかし、残念ながら人生は続く。ほど良く諦め、それでも投げ捨てず、自分と付き合っていってやりましょう。「諦めなければいつか良くなる」とか「治る」みたいな言葉は安易に吐けません。しかし、それでもなお生きていきましょう。生きているだけで、あなたは素晴らしいと思います。だから、僕も自分は生きているだけでとりあえずオーケー、くらいに自分を許していきます。

やっていきましょう。

Hack

26 休日に全く動けなくなったらすべきこと

うつ状態の入口は「休日」の過ごし方で見抜ける

「自分の調子が悪化している」ということを自覚するのは、概してとても難しいものです。仕事はできている、自分は大丈夫だ。そう言いながら、何度となく「いつの間にかドツボだった」という状態に陥ってきました。

二次障害の中でも最も多い**「うつ」は、基本として「早期発見早期治療」がベスト**な病気です。しかし、「早期」に自分がうつに近い状態にあるということに気づくのは、とても難しいことです。

そこで、休日の過ごし方というものに少し注意を払ってみることを僕はおすすめしています。気づけば休日にやるべきことが何ひとつできなくなった、こういうのがうつの手前、「うつ状態」の入口だと僕は確信しています。

僕の経験上ですが、うつ状態に突入していく人は大体判で押したように「仕事はできている」と言います。実際できているのでしょう。会社にいる間は緊張感で身体が動くというのは、ある話だと思います。

しかし、休日にあなたらしいことはできているでしょうか。人間というのは、働くためだけに生きているわけではありません。余暇の時間を充実して過ごせなければ、それは少しずつ状態が悪くなっていると思います。

こんな経験はありませんか。**休日に昼過ぎに目を覚ますが、まるで何もやる気がしない。本当は部屋の掃除も資格の勉強も、クリーニング屋にワイシャツを出しに行くことも、やることはたくさんあったはずなのに。気づけば1日は終わる。後悔とともに、です。**僕も、17時のメロディを聴きながら泣いたものです。

そんな日が続くと、仕事以外の何もかもが崩壊していきます。次に「公共料金が支払えず滞納されていく」とか、「部屋の中がグチャグチャの状態で固定される」などの状態が起きてきます。

この状態に陥ると、人は「何かせねば」と焦ってしまう場合が多いでしょう。「部屋を片づけなければ」「ジムに行かなければ」「洗濯をしなければ」。そんなことを考え、焦燥感に焼かれているうちに休日が終わる。気づけば休んだ気はひとつもしない。そんな覚えはありませんか?

この「焦燥感に焼かれている」状態、実のところ全く休息にはなっていません。むしろ、疲労が蓄積されている状態だと言っても過言ではありません。

うつ状態に入ると「休む」ことができなくなるのです。生産性がないだけの1日は「休日」とは言えません。仕事も趣味もやれていないが、かと言って休めてもいない。この無為な疲労の蓄積が、少しずつ人間を蝕んでいきます。

ランニングや筋トレは、時に逆効果になる

しかし、こういうときに無理やり「何かをする」と事態はさらに悪化します。よく、うつには筋トレだランニングだ、みたいな行動的な療法がすすめられることがありますが、僕はあれにあまり賛同できません。うつ状態では人間の思考力や活動力は驚く

ほど低下しています。ランニングはすぐに疲れ果てて目標とした距離を走れなかったでしょうし、勉強をしてもまるで頭に入らず「俺はこんなに頭が悪かっただろうか？」みたいな感じになるのが一般的でしょう。

もちろん、ランニングも筋トレもうつの回復にポジティブな影響をもたらすものだと思いますが、順番が違います。**やりたくなるまでは、無理をしてはいけません。**

「趣味を持て」というアドバイスも割とよく言われます。でも、僕に言わせれば「うつ状態」でやれる趣味なんて本当に限られているんです。

ウォーキング、ランニング、筋トレはもちろん、読書、映画鑑賞も結構頭を使うので無理です。アニメすら筋が追えなくなるのはよくあることです。楽しかったことが楽しくなくなる、という典型症状ですね。たいていの趣味は「思考」や「活動」を必要とします。それができない状態で楽しめる趣味は限られるでしょう。

また、このときに良くないのは、インターネットで大量の情報を摂取することです。あれはうつ状態でもやれるにはやれますが、実際のところ脳が疲れ切るだけです。「酒」とか「パチンコ」「ソシャゲ」みたいな依存性のあるもののもダメです。回復への寄与も小さいですし、マイナスのことさえあります。

「何もしない」という強い意志を持った行動

そんなときに一番最初にするべきは「何もしない」ことです。「自分は今不調である。だから何もせず休む」というのは、意志ある行動なのだと理解してください。

やりたいこと、やらねばならないことはたくさんある。しかし、それらの誘惑を断ち切って「何もしない」という行動を選ぶ。この意識を持つだけで、休息の効果は劇的に上昇します。しかし、いざ「何もしない」を実行してみると、思った以上にそれは苦痛であることに気づくと思います。そういうときに、「とにかくこれを実行すれば自分はリラックスできる」という趣味を持つのはとても大事です。

僕は「五感のフル活用」という方針をおすすめしています。要するに、五感を楽しませるリラックス手段、あるいは趣味を用いるのです。思考力も活動力もどん底の状態でも、あなたを確かに安らがせてくれる手段。これをいくつ用意できているかが、うつ状態から自分を救うために最も重要です。「自分は何もできない」ではなく「何もしないをやっている」のです。この考え方ひとつで回復量は別物に変化します。

僕は、生きるためにこれをたくさん用意する努力をずっと続けてきました。

【リラックス手段①】部屋にリラックススペースを作る

僕は、お気に入りのソファと小さいテーブルを置いたリラックススペースを部屋に作っています。「ここに座れば自分はリラックスしているのだ」という条件反射を作るための場所です。

【リラックス手段②】シーシャ（水煙草）

最近のお気に入りはシーシャ（水煙草）です。ポコポコと音を立てながらやわらかく甘い煙を吐き出す。お気に入りの音楽をかけながら、お気に入りのソファに座って。その間は、とにかくその時間を楽しむことに専念します。

【リラックス手段③】お香

「嗅覚刺激」は、脳にもたらす効果が五感の中で最も強いと思います。ふと懐かしい香りがして、感情が強烈に揺さぶられた記憶ってありませんか。春の窓から流れ込んでくるあの香りなんかは、とても強く精神に働きかけますよね。僕は最近、松栄堂というメーカーの「元禄」というお香がとてもお気に入りです。

【リラックス手段④】入浴

ぬるいお風呂に入浴剤を入れて、防水処理をしたタブレットを持ち込んで、ゆったり眺めたりもします。ストーリーのあるものは見たくないので、毒にも薬にもならないような動画をボーッと眺めます。

【リラックス手段⑤】日光浴

暖かい季節、公園まで歩く気力があれば、ベンチに座って甘い飲み物でもすすりながら、ボーッと空を眺めます。

日光はうつ状態に特効的な作用をもたらします。オフィスワーカーの皆さん、最後に太陽の光を浴びたの、いつですか？　オフィスの白くて清潔なあの照明、お仕事に集中するには向くかもしれませんが、少しずつあなたの神経を蝕んでいます。

【リラックス手段⑥】ジャンクフード

ジャンクフード、僕はある程度仕方ないと思います。だって、ピザもハンバーガーも身体はともかく心を癒す食品ですよね。長引く会議に宅配ピザが届くと、みんな少しやさしい気分になります。ただ、これだけになってしまうと健康を損なうので、他にも「何もしない日」のお供を増やしておくことを心から推奨します。

なお、うつ状態になってから慌てて「休息」をデザインするのは難しいことです。普段から、自分にとって最も安らげる「休息」を用意することを忘れないでください。「将棋」とか「読書」とか「勉強」とかそういう思考的な趣味を好む人ほどこのドツボにハマりやすいので、注意が必要です。

まとめ

- 「自分は何もできない」ではなく「何もしないをやっている」と切り替えろ
- リラックス手段は多ければ多いほどいい。ただし思考と行動を伴うものはダメ
- まずは部屋の中の「リラックススペース」を決めよう

Hack

27 ビジネスホテルで「外こもり」しよう

家事も趣味もリラックスも苦痛になって、タイへ

ついに何もできなくなった。家事どころか、自分のリラックススペースも、ささやかな趣味も単なる苦痛になってしまった。これがうつ状態の次の段階です。

僕も、昨年「もうダメだ」という時期がありました。

そのとき僕は、最後のなけなしのお金と気力を振り絞って、タイに行きました。空港に降りた後は、観光にもショッピングにも目もくれず、バンコクから一番近い離島に向かいました。行きの飛行機は睡眠薬を使って眠り飛ばし、空港からバスステーションまでタクシーを飛ばし、後は長距離バスでひたすら眠りました。

僕は昔から、南国が好きです。そこには暖かい日差しと、ツーリストをひたすら甘やかすサービスと、雑でいい加減な人々がいます。後は、海辺の一番安いコテージを2週間借りてひたすら「何もしない」をしました。

毎日パラソルの下で海を眺め、ちょっと気力が出てきたら島を散歩し、屋台で適当なご飯を食べ、後はひたすら眠って過ごしました。持ち物は小さなかばんひとつ。入っていたのは財布とスマートフォンとパスポートだけです。タイはとても便利な国なので、それで十分なのです。

「何もしない」というのはとても難しいことなので、うつ状態が悪化すると「何もしない」にも多大な努力が必要になります。僕にとって「何もしない」に適した環境は、若い頃散々ダラダラ過ごした東南アジアの海辺で、そこにたどり着けば僕はひたすら怠惰なツーリストであることができます。幸い、タイはネット環境がとても良いので、スマートフォンで音楽を聴いたり、ネットを眺めたりもできます。服は適当に買えばいいし、ランドリーサービスもあります。

10日ほど完全に何もしない日が過ぎて、僕は「回復した」という感覚を手に入れることができました。「暇だ」という気持ちが湧いてきたからです。

うつ状態というのは、悪い意味で退屈しません。何もできていないのに、時間が矢のように過ぎ去っていきます。「コテージ近くの屋台のご飯も飽きてきたな。何か目先の違う食べ物はどこで食べられるのかな」とスマホで検索を始めたとき、僕は自分が「休み終えた」ことを知りました。後の時間は、適当に買った釣竿で釣りをして過ごしました。カラフルな小魚がたくさん釣れました。

これはちょっとしたコツですが、**「最後に退屈したのはいつだろう？」と考えてみてください。**「退屈」というのはエネルギーが余っている状態です。うつ状態の人にはまず生じない状態と言えるでしょう。これが思い出せないなら、あなたには休息が必要です。

ビジネスホテルでひたすらダラダラする

この「外こもり」は、うつ状態からの回復に非常に高い効果があると僕は思っています。しかし、僕はタイに行き慣れているので何とかチケットを取って成田空港に向かうことができましたが、実際うつ状態にある人がこれをやるのは結構難しいかもしれません。

そこでおすすめしたいのが「ビジネスホテル外こもり」です。あなたの知らない町の知らないホテル、できれば海とか山とかあなたの癒される風景が眺められる町がいいですね。そこに連泊予約をして、後はひたすらダラダラしてください。

サラリーマンの方でも、気合いを入れれば5日くらいの「外こもり」は不可能ではないでしょう。「貴重な休みをそんなことに……」と感じるかもしれませんが、うつ状態に入りかけているなら、あなたの「貴重な休み」は家で焦燥感に焼かれ続けることに費やされる可能性がとても高いです。

ビジネスホテルにいれば、食事は適当に済ませることができます。ランドリーサービスもあればルームサービスもあるでしょう。あなたをひたすらに休ませる環境を手に入れることができます。そして、あなたは「自分は今、休息しているのだ」という実感を手に入れることができます。

特にシーズンオフであれば、ビジネスホテルは連泊するととても安いです。民宿みたいな、人と接する機会の多い場所はおすすめしません。あなたに必要なのは、清潔なシーツと整然としたお部屋。そして、誰にも干渉されない時間です。

「旅行でリフレッシュ」というと、つい人は観光スケジュールを目いっぱい詰め込んだりして「充実したもの」を目指してしまう悪癖があります。しかし、実はそんなことはしなくていいのです。うつ状態でそんなことをしようとしたら悪化するに決まっています。まずは「退屈」を取り戻すことがうつ状態から回復する重大なキーなのです。

最初は、部屋でひたすら眠り続けることになるかもしれません。でも、**次第に「ちょっと周囲を散歩してみるか」とか「ちょっと美味しい食事を摂りたい」とか、「大浴場に浸かりたいな」とか感じると思います。それは、あなたが退屈し始めた証で、回復の証左**です。

仕事ができなくなってから病院に駆け込むのでは遅い

うつ状態の何が危ないか。それは、能動的な思考力と行動力が全て奪われることです。追い立てられるストレスで仕事はできても、「休みになると動けない」という状態は、もはやギリギリです。たいていの人は「仕事ができない」状態になってから病院に駆け込みますが、本来治療と休息を行うべきタイミングはそこではありません。「意志を持って休む」ができない状態に陥ったなら、それはあなたの人生に危機が訪れています。そういうときは、まず日常から離れて環境を変えてください。そうすれば、「能動的に休む」ことができます。

ところで、旅行会社のツアーなんかを見ているとミチミチに観光を詰め込むものばかりが目についていささかうんざりするんですが、「もうダメな人向け南国ツアー。チケットの手配から宿の予約まで全部やってやる。何とか成田空港まで這って来い。後は何も考えなくてＯＫ」とか売り出したら流行る気がします。旅行会社各位、ご検討ください。

まとめ

- 「最近退屈したのはいつだろう？」もし答えが出ないなら、うつ状態かも
- 今すぐ休暇を取り、ビジネスホテルでダラダラしよう
- 仕事ができなくなってから病院に駆け込むのでは遅い

Hack

28 ヤバい「うつ集中」と「過集中」の解除方法

どうしても「ハム将棋」がやめられない……

「ハム将棋」というウェブブラウザで遊べるフリーゲームがあります。とてもシンプルでよくできたゲームです。ハムスターを将棋で倒すゲームで、ゲーム性は単なる「将棋」です。相手をしてくれるハムスターは毎回同じ戦術を採用し、ちょっと将棋を練習すれば倒せるくらいの強さです。

僕は、仕事の締め切りが迫る中、このゲームを「やめたい」「やめさせてくれ」と泣きながら、17時間遊び続けたことがあります。

他にも、こんな経験があります。あるとき仕事で使う付箋が、あるべき場所にないことに気づきました。価値にして数百円の物で、別に今すぐ使うわけでもありません。

しかし、僕は「もう探したくない」と泣きながら、それを数時間にわたって探し続けてしまいました。異常に気づいた妻が、「落ち着いて。また買えばいいじゃない」と言ってくれましたが、「わかるんだ、こんなことは意味がないんだ、でも止められないんだ、脳が痒いんだ！」と叫び、僕は結局5時間以上、その動作を止めることができませんでした。

こうした状態を僕は「**うつ集中**」と呼んでいます。うつ状態に入ると、目の前の何かにちょっとした集中を発生させてしまった結果、そこから離れられなくなるという状態がよく起きます。これは端的にクソヤバいです。やるべきことは一切進みませんし、精神状態は下限知らずに悪化します。これは、ＡＤＨＤ傾向のある人になると「**過集中**」という状態を伴ってさらに悪化すると思います。

ツイッターで「こういうことってありませんか？」と呼びかけてみたところ、実に多くの人（ほとんどが発達障害を持つ人でした）が「うつのときに頻発する」と教えてくれました。フォロワーさんの中には「マインスイーパしかできない状態に落ち込んだが、マインスイーパをやめられなかった」という人もいました。その人は「マインスイーパのやりすぎでうつになった」という認識だったそうです。でも、ご本人が仰っていたとおり、因果は逆ですね。うつ集中に突入したため、マインスイーパしかやれなかったのです。

うつかどうかにかかわらず、こうしたADHD特有の過集中のコントロールというものは、とても難しいです。ネガティブな思考のスパイラルがまるで振り払えない。そんなときに誰かに「落ち着け」と言われても、全く逆効果ですよね。

うつ状態にしても、あるいは過集中にしても、その合わせ技にしても、「思考の可塑性が完全に失われている」ということには変わりありません。そんなときに、言葉で介入したり、あるいは自分の考え方を変えることで抜け出したりするのはほとんど不可能です。30年以上試し続けて、僕は結局無理でした。

しかし、僕は最近ついにその対処法を身につける、一定の効果を出すことに成功しました。

タイマーを「30分」単位でセットする

まず、通常の発達障害のレベルにおける「過集中」の断ち切り方です。これは、音の鳴る安いタイマーひとつで大きな効果が出ます。

僕は机に、30分単位でアラームの鳴るタイマーをセットしています。作業に没頭して30分経つとアラームが鳴るので、そこで立ち上がって2分ほど軽い体操をします。これで、過集中は結構断ち切ることができます。

軽い体操が終わったら、今度は5分ほど作業工程の見直しを行います。過集中状態というのはひとつのことに没頭している一方で、総合的判断力は非常に低下しています。ここで「もしかしてこの作業は間違っていないか?」という見直しを行うのです。30分、2分、5分。このルーチンを取り込んで以来、過集中との付き合い方はずいぶん楽になりました。

タイマーは最初**スマートフォンの機能を利用していたのですが、これはダメ**でした。スマホを見ると、ついLINEやツイッターをチェックしてしまいます。一度そっちを見てしまったら、僕の集中力はおしまいです。作業に戻ることが非常に難しくなってしまいます。「タイマー機能だけ」のものを購入し、セットしてみてください。

また、タイマーを「机に置く」のはおすすめしません。ちょっと別の用途に使って場所を動かしてしまったら、タイマーは二度とあるべき場所には戻ってこないでしょう。**僕は机のサイドに強力な両面テープで貼り付けています。**

これは、考えてみると小学校の「チャイム」と同じ効果ですよね。一定の時間を集中させたら、音を鳴らして断ち切って休憩。あれはきっと、未発達な子供たちに向いたシステムなんでしょう。ただ、僕は一般的な小学生ほど優秀ではないので、単位は30分、2分、5分の繰り返しです。50分はちょっと長すぎますね。

ちなみに、「ひたすら長時間没頭する」ことが必要なときは、タイマーを切ります。邪魔になってしまうので。「12時間没頭する」みたいなことも時には必要で、そこは使い分けだと思います。

一定の社会的訓練を経たADHD傾向の方は、結構「過集中に意図的に入る」ことはできると思います。僕も、30歳を過ぎてそこそこできるようになってきました。しかし、それを「切る」ことがむしろ難しい。そこで「タイマー」。ぜひ導入してみてください。

「蒸気アイマスク」と「ヘッドフォン」で五感を断ち切る

しかし、タイマーの音など耳に入らないほど強烈な過集中が、特にうつ状態のときなどによく起きます。また、往々にして生産的ではない行動をしているときに起こりがちです。これをどうするかについては、僕にとっても長年の課題でした。

しかし、最近ついに特効薬を発見しました。

「うつ状態にあるときは、五感を刺激する、思考力を使わない受動的な趣味で休むのが良い」というハックを前述しましたが、あれが大きなヒントになりました。

そう、身体的快感を伴う休息をとることで、うつ状態は軽減することができるのです。そしてもうひとつ。発達障害傾向を持つ人は外界からの刺激に非常に弱い。インプットがあれば、自動でアウトプットを行ってしまうのです。「無視する」ということができません。

「じゃあ五感を断ち切ってやればいいのでは？」と思ったときに、僕はとても便利な

「五感を遮断」して20分待つ

目に蒸気アイマスクを当てヘッドフォンをつけると、過集中を抑えることができる。

アイテムを発見しました。**「蒸気アイマスク」**です。

これは疲れた目を温めて休息させるアイテムで、大変心地好いものなのですが、「視界をさえぎる」という強力な機能がオマケについてきます。しかも、温熱の快感を伴います。さらに、香りもついているので嗅覚も断ち切ることができます（この香りは好き嫌いがあると思いますので、無香のものを使ってお好みの香りをつけることもできると思います）。

そして、後は聴覚です。これは簡単です。**「ヘッドフォン」**をつけて、やわらかい音楽を流せばいいのです。触覚についていては、布団に入るなりあるいは椅子に腰掛けてやわらかい皮膚の感覚過敏を鎮めるような布をかけるなりすればいいでしょう。

これを20分ほど行うことで、あの精神を蝕む「うつ集中」は嘘のように吹き飛ばすことができます。アイマスクの温度が下がる頃には、すっかり精神はクリアになっているでしょう。ただ、眠ってしまうリスクがあるので、布団を使うときはそこだけ気をつけましょう（何度か大ポカをやってしまいました）。

この**「五感遮断法」**は劇的に効きます。僕のライフハックの中でも、最も強烈な効果を持つもののひとつです。しかも、コストは大してかかりません。おすすめです。

まとめ

- **ADHDが陥りやすい「過集中」と「うつ集中」は本当に厄介**
- **過集中にはタイマーが有効**
- **うつ集中には「五感遮断法」が有効**

Hack

29 うつの底で、命を救う「魔法瓶」

起業失敗後、人生最大級のうつがやってきた

僕は起業に失敗した後、人生最大級のうつに襲われていました。今日で僕の起業が完全に失敗してから1年半ほどが経つのですが、そのうち半年はほとんど動けない状態にあったと言っても過言ではないと思います。

うつが訪れた理由は、二次障害の双極性障害の周期的なものに加え、何より僕が自身の生存を肯定できる理由を全て失ってしまったのが一番大きいと思います。

僕は、自分の能力の欠損を社会的な肩書きやお金といったもので埋め合わせることを目指して30歳まで生きてきました。それは傍から見ると滑稽で無様な人生だったと

思いますが、それでもそこには「前進をやめたら死んでしまう」という強烈な切迫感が存在していました。

「自分は劣った人間であり、そのままでは人間としての価値を認められることはできない。だから成果を出して社会をねじ伏せるしかない」というモチベーションです。僕の人生の原動力は往々にしてコンプレックスそのものでした。

大学入試も就職活動もそうですが、社会的地位や名誉を手に入れれば自分の欠損が免罪されるのではないかという大きな期待があったのです。そして得た成果から「僕はこれだけの結果を出している。だから僕は自分を肯定していい、生きていていい」という自己肯定感を得ていました。

それはもっと言えば、「僕より結果を出せていない人間はたくさんいる。僕はあいつらよりは生きる価値がある」という、他人を見下して得る自己肯定感でもありました。

最初の仕事を辞した後は、「自分はこれから起業するんだ。新たなチャレンジに打って出るんだ」という考え方で自己肯定感を確保していました。

しかし、起業が失敗に終わったことが確定的になったとき、僕を支えていた自己肯定感は跡形もなく吹き飛びました。

そして、やってきたのが巨大なうつです。当たり前ですよね。自分自身の信奉する価値観に照らして、30年近くの間自分を支えた信念に照らして、まさに自分に生きる価値がないことが証明されてしまったのですから。

いやー……キツかったですね。対外的にはそれなりに振る舞っていましたが、毎日ほとんど寝て暮らし、ちょっと気力があれば死ぬための身辺整理を行い、飛び降りる予定のビルを下見する。

そんなことを繰り返していました。ここまで希死念慮が強まると、「下見」をしていたり「準備」をしているときはむしろ安らぎがやってくるのです。まるで仕事を投げ出して旅行に行く準備をしているような心地好さがありました。思い当たる節がある方も多いのではないでしょうか。

ではなぜ死ななかったかというと、会社の残務整理があったからです。会社の事業の9割方が売却されても、最後の最後にほんのちょっとした事業は残っていて、そこには従業員も1人残っていたのです。

結局は、事業の本体がダメになってしまった後にその付属物であった小さな事業ひとつを継続しても意味はないと判断して売却しましたが、従業員に会社を離れてもらい諸々の整理を行う、この作業が長引きました。僕が死ななかった理由は主にそれです。

● 重いうつになってしまったらどうしたらいいか

僕のように、単なるうつ状態を超えてしまった段階の「重いうつ」に関しては、経験上ひとつ明確な答えがあります。**うつのどん底でできることは、服薬して眠る以外に何もないということです。**前述したような「リラックスハック」ももはや実行不可能。

まさに「うつの底」です。

それは、雪山で吹雪に閉ざされたときに似ています。雪洞を掘って、身体を丸めて眠る。できることはそれだけなのです。そして、それは生き残るための「行動」なのです。

吹雪は永遠にやまないかもしれない。二度とここから動けないかもしれない。それは十分あり得ることです。

しかし、それでも今できることは休むことしかない。吹雪の山中でバタバタ動き回っても死ぬだけだ。そう開き直って僕はひたすら眠りました。「動かない」「考えない」という行動を自分に課して、ただひたすら回復に努めるしかないのです。

それでも、考えるべきことはたくさんあるでしょう。僕自身、この失態は致命的だ、だから自分は死ぬべきだという考えは、振り払っても振り払ってもついてきました。それは僕が事業に失敗した後のことだったので、失ってしまった信用は回復不可能だ、もう再起などとても望めないと思いました。

手持ちのわずかなお金が尽きれば生きていけなくなる。そういう不安もジリジリと背中を焼きました（もちろん、福祉を受けることは可能なのですが、そういう前向きなことは考えられないんですね……）。

今すぐ就職してお金を稼がなければ、というようなタイプの強迫観念もせりあがってきました。また折り悪く僕はちょうど30代に突入したところで、何もかも失敗した無職として30代を迎えるというのは、なんとも絶望感のあることでした。

これがうつによる自己否定スパイラルです。

枕元に魔法瓶を置く

うつのどん底にいたときに僕が最も助けられたアイテムは、魔法瓶です。これに温かい紅茶を詰めて枕元に置くのです。**希死念慮がやってきたときは「とにかく温かいお茶を飲もう、それだけでいい」で意識をそらし、次は「お茶を補給しよう、それができれば十分」で達成感を回復しました。**

僕のどん底は冬でしたので、「寒い。しかしストーブの灯油を補給する気力もない」ということはよくありました。そんなときに温かな魔法瓶のお茶は本当に大きな救いでした。これで、玄関まで歩いて灯油を補給する気力を引っ張り出せました。

中身は、シンプルにひたすら甘いストレートの紅茶がおすすめです。ミルクは胃に重くて飲めなくなるので推奨しません。レモンは悪くないです。食べ物は、カロリーメイトなどを大量に買って枕元に置き、紅茶で湿らせて食べるのがおすすめです。まるで遭難者ですが、実際に遭難者なのです。

どん底中のどん底だった1週間ほどが過ぎて、お風呂に入れるようになったときに

「底を抜けた」と感じました。
うつの経験がある方はわかると思いますが、うつがひどくなるとシャワーひとつ浴びることができなくなります。これは若い頃の話ですが、やはりうつのどん底にいたとき、僕はトイレまで歩くことができず失禁し、その処理すらできず、悪臭の中で1日横たわっていました。うつというのは悪化すると、そこまでに人間の全てを奪う病気です。

まとめ

- 「うつの底」で、人はお風呂にも入れなくなる。入浴できたら底を抜けた証拠
- 重いうつがやってきたら、服薬して眠るしかない
- 「枕元に魔法瓶」が命を守ってくれる。中身は甘いストレートの紅茶がおすすめ

Hack

30 自己肯定に「根拠」はいらない

「死にたい」と電話してきた友人に思いがけずかけた言葉

「うつのどん底」を抜けて少し回復が始まったとき、次は何とか「自己肯定感」、少なくとも自分が生きていていいという感覚を取り戻すための戦いが始まりました。

僕の場合、まだ希死念慮が抜けていなかったこのタイミングで、人生に絶望した友人から電話がかかってきたのが大きな救いになりました。

「死にたい。自分には生きる価値がない」と言う友人に対して、僕は極めて自然に「価値がなくたって死ぬ必要はない」と主張しました。

自分でもなぜそんなことを言ったのかわかりません。もちろん、何の根拠もない話です。自分自身が生きる価値を見失って死にたいと思っていたところなのだから、欺瞞もいいところです。

僕自身の価値観に照らせば、「確かにおまえに生きる価値はない」と言うべきところです。この電話は「お互い何とか生きようよ」というところで終わったのですが、とても大きな示唆を僕に与えてくれました。

自己肯定は無根拠であるに越したことはないのです。根拠のある自己肯定は、根拠が失われれば消え去ってしまう。

では、**無根拠な自己肯定を手に入れる方法は何か。それは無根拠に他者の生を肯定することそのもの**だと思います。他者を肯定した分だけ、自分も肯定していいという考え方です。少なくとも、自分の生を無根拠に肯定するよりは他者の生を無根拠に肯定するほうが簡単です。

誰だって、友人が「俺には生きる価値がない」と言っていれば「そんなことはないし、価値なんかなくたって生きていていい」と言いたくなるでしょう。それを「利用」するのです。

●他者を見下して笑った自分の人差し指は、自分を突き刺す

自分が何かを（お金を、あるいは社会的地位を）持っていることで他者を見下して自己肯定感を得ていた場合、それが失われたときには間違いなく自己肯定感を失います。

しかし、他者に対して「何もなくてもあなたは生きる価値がある。そこには根拠はいらない」と普段から主張していれば、それを自分に適用するのはそう難しいことではないでしょう。少なくとも、かつて他人を見下した自分の目に、他者を指差して笑った自分の人差し指に突き刺されることは防げます。

他者を見下す無意識の目線は恐ろしいです。それを他人に向けているうちは問題ないですが、自分が「見下される」側になったとき、まるで槍のように降り注ぎます。人間がうつの底で異様に謙虚になってしまうあの現象も相まって、本当に危ない状態に陥ります。

もちろん、「自分は自己肯定の根拠を失うことはない。他者に対して自分が優越し

ていることはモチベーションの源だ」という考え方も一理あります。人生が好調に推移しているとき、それは強力なエンジンになるでしょう。

しかし、自分が「全てを失うこともあり得る」と考えるならば、この考え方は採用しないほうがいいと思います。倫理的な問題では全くなく、リスク管理の問題として。

根拠ある肯定感は、根拠が消し飛べば一緒に消えてなくなります。具体的な自己肯定の根拠は助けになることもありますが、実を言えばリスクと隣り合わせです。あらゆるものは失われる可能性があるのですから。

「何もかも失われた」という状況は、きっと誰にでも確率の差はあれ、起こり得ることだと思います。しかし、それは「起こり得る」ことなのだから、我々はそこからでも生を拾っていかなければならない。

僕はあなたに生きていて欲しいと思います。あらゆる希望は生きているところからしか生まれません。だから、僕も生きていていいと思っています。

これは「甘やかし」とか言われるかもしれません。でも、いいじゃないですか！お互いに甘やかし合って生きていけるなら、これ以上ないくらいベタベタに甘やかし合いましょうよ。あなたは生きていていいんです。あなたは肯定されるべきなんです。

だから、僕ももうちょっと生きさせてください。

まとめ

・借金玉の転機は、絶望した友人から「死にたい」という電話がかかってきたときに訪れた
・自己肯定を手に入れる方法とは、無根拠に他者の生を肯定すること
・何もかも失ったうつの状態で、それでもあなたの生は肯定されるべきだ

Hack

31 一番危ないのは、「吹雪が止んで山を降りるとき」

雪山の下山は登山よりも危ない

さて、うつの底を耐え抜いてついに吹雪は止んだ。あなたは動けるようになった。一番危ないのが実はこの時期です。というのも、うつのどん底にいるときはそもそも動くことすらできないので、自殺リスクはそれほど高くないからです。

逆に言えば、うつのどん底から抜け出して山を降りるときが一番危ないのです。本物の登山と一緒ですね。これは経験上ですが、うつが抜けてきて動けるようになることと、希死念慮が抜けてくるのは同時ではありません。まず動けるようになり、その後、希死念慮が抜けていきます。「自分はまだ不安定な時期にいる」ということを自覚し、適切な服薬をしながら少しずつ山を下るようにしてください。このタイムラグがヤバいというのは、実感的にもあるいは経験的にも確信があります。

また、強度のうつに苦しむ方が身近にいらっしゃる方はこの時期にご用心ください。目つきがまともになり、足取りもしっかりして髪も服もこざっぱり整った。そういうときが一番危ないのです。**役所に行って社会的手続きができるようになったくらいのラインが一番注意が必要**です。

そして、もうひとつ。僕は若い頃、結構長期間の入院や療養生活をしていた時期もあったのですが、社会復帰はとても怖いです。

病人であるというところから、再び自分をうつに追い込んだ社会に戻るのはとても怖い。山を降りてやっと町が見えて来たときのあの恐怖を今でも思い出します。**うつから抜け出すのも苦しかったけれど、町に戻るのだって苦しい**のです。

このときは「美味しい食事」や「遊び」など、「町」の楽しさからリハビリを始めていくことをすすめます。「働かなければ」とか「空白になったキャリアを取り戻さなければ」と焦ると思いますが、それよりもまず「辛いこともあるけれど、町には楽しいこともある」ということを思い出すことが重要だと思います。

こういうことを言うとなんですが、雪山に戻ることはいつだってできます。そういう前向きなネガティブさとでも言うべきものを持って、少しずつ町に戻って行ってください。少なくとも、あなたの望むものも町にはあるはずです。

僕もまた雪山に戻ることがあるかもしれません。いや、きっとあるでしょう。多分、うつと平常時を繰り返しながら人生を過ごすんだと思います。もうそれは仕方がないことだ、と今では思っています。何とか帳尻を合わせて生きていこう。そういう気持ちです。

死に覚えて生きていく

人生を生きていくコツ、一番大事なものとは何かを考えると、「**死に覚え**」だと思います。

これは、ゲームの言葉だったと思います。「**1回じゃまずクリアできないが、失敗を繰り返して攻略していく**」みたいな前提があるゲームってありますよね。例えば、僕はファミコンが直撃した世代なんですが、「スーパーマリオ」なんて初見ノーミスクリアできた人類がいたのかすら怪しい。

1－1ステージの最初の敵、クリボー。あれに突撃して「死んだ」覚えのある人もいるでしょう。僕も不器用と言うか発達障害なので、「普通あれはなんとなく回避できるだろう」というものに突っ込んで「死んで」きました。

発達障害の「空気が読めない」と一般的に言われる状態、「社会的文脈が見えない」みたいなものだと思うんですけれど、これのせいでしばしば「みんなが何となく回避できるドツボに落ちる」みたいなことが人生にありました。そのたびに、「クソ、これはドツボだ。次は落ちないぞ」と思ってきました。

ハイスコアを出すことが人生の目的ではない

一方で、世界は「人生ハイスコア自慢」で満ちています。新聞も、テレビもインターネットも、人生ハイスコア自慢だらけです。まるで、ハイスコアを出すことが人生の目的みたいな気がしてきます。

そんなことはありませんよ。あなたの人生を生きましょう。

ツイッターで僕のフォロワーが教えてくれた素敵な言葉を置いておきます。

「表彰台が全部埋まっていても、自分のレースを走り切ろうと思います」

これは本当に素敵な言葉だと思います。僕はもう順位は気にしません、自分のレースを自分のスピードで走ります。社会的バナナの皮をこれからも踏むでしょうが、「あそこにはバナナの皮があるのか。勉強になった」と強がりを言っていきます。

いつか、みんなで「マリオカート」をやりましょう。別に、一番うまいやつを決めるんじゃない。赤い甲羅をぶつけたり雷を落とされたりしましょう。最終的にはそういうことだと思います。ハイスコア人生天下一武道会に不参加表明です。

死に覚え、生き残っていきましょう。あなたのレースが良い景色に恵まれることを、僕は祈ります。

まとめ

- うつのどん底よりも、少し元気になったタイミングのほうが、自殺のリスクが高い
- ゲームの「死に覚え」のように、何度もやり直しながら人生をやっていきましょう
- あなたの人生を生きましょう

おわりに　少しずつだけど、発達している

さて、この本も終わりです。でも、別にお別れというわけではなくて、僕は大体インターネットにいますのでブログとかツイッターを見に来てください、というところなんですけれど（頑張って書き続けますよ！）。

唐突ですが、あなたは歳をとることについてどういう感覚を持っているでしょうか。それはネガティブなことでしょうか。それともポジティブなことでしょうか。

僕はずっと、歳をとるのはネガティブなことだと思っていました。「残り時間が減る」と考えていました。「はじめに」で書いたとおり、自分は20代で死ぬ、とよくわからない理由で思い込んで生きてきましたので、老いた自分なんていうのは想像したこともなかったですし、想像したくもありませんでした。

でも、30歳を超えて思ったことは、「発達障害に由来する辛さはどんどん楽になっているな」ということです。昔ほどに人間関係で転ぶことも、日常生活で転ぶこともなくなりました。もちろん、それは積み上げてきた方法論の成果というところもある

のですが、何より「少しずつだけど発達しているのかな?」と思います。

発達障害はその名のとおり、発達の障害です。何かの発達がうまくいっていない。それが何なのかは、1人の発達障害者に過ぎない僕にはよくわからないけれど、でも、これがまるで玄関に放置しておいたサボテンが少しずつ大きくなるみたいに、少しずつ発達している気がするのです。

世の中の発達障害でない皆さんが夏のどくだみみたいな速度で発達するのを横目で見てきたので、「自分は永遠に発達しない」みたいな感覚が日常化してしまっている人も多いと思うのですが、実を言えば我々もちょっとずつは発達してるっぽいんですよ。

「みんなに出遅れた」という感覚は、特にADHDの方に多いと思います。僕も、いつだってスタートに失敗してきました。でも、だからといって前に進んでいないかと言うとそうでもない。時間は究極的には僕らの味方なのではないかと思っています。

どくだみの皆さんは強い日差しと水があれば、痩せた土でもガンガン育っていきます。大雨が降って、何もかも水浸しになっても元気に復活して成長していきます。でも、僕たちはじわじわとしか成長できません。水に浸かりすぎれば元気を失って、そこから回復するのに長い時間が必要になってしまいます。

でも、昨日までできなかったことがある日できるようになっていた感覚というのは、僕の人生にも確かにありました。それは、誰と比較する必要もない僕の確かな喜びです。どくだみが20センチ伸びる間に僕は5ミリ育った、そんなお話ですけれど、それでも僕たちサボテンにしては大きな成果です。

誰かと成長を競い合うのはもうやめましょう。それは完全に勝てないゲームです。無茶です。サボテンにどれだけ栄養剤をやっても水をやっても、どくだみより速くは育ちません。腐って枯れてしまいます。自分のペースで少しずつ成長していきましょう。そうすれば、時間は究極的に僕たちの味方になります。

僕らは老いていく。それは間違いありません。僕も気づけば32歳です。でも、32歳でもまだ発達しているという実感が最近はあります。

なら、いいじゃないですか！　やけくそ気味の語りかけですが、僕らには僕らのペースがある。何とか生き延びれば、希望は見えてくるはずです。時間がかかることに怯えるのはもうやめましょう。ポジティブに諦めましょう。

この本は、その「発達」を少しだけ速めるための、強すぎない栄養剤と多すぎない水であれたらとても幸いです。世界のスピードはとても速く、僕たちの歩みは遅い。しかし、他人の発達ばかり見ていては自分の発達には決して気づけません。

年齢を重ねることをネガティブに受け取りすぎないでください。それは、確かに僕たちの味方なのだと思います。少なくとも、間違いなく敵ではありません。人より長い時間がかかってもいいのです。それは仕方がないことなのです。自分のペースで発達していきましょう。

残念ながら人生はまだ続く。与えられた時間を使い切るまでは、終わりません。少しずつ少しずつ楽になっていくと僕は信じています。あなたも、できたら信じて欲しいです。信じたって何も悪いことはありません。

ある日、サボテンに小さな花がついていた。そういうことだってあるはずです。同じ時代を、ともに発達していきましょう。光を浴び、水を飲んでいきましょう。

やっていきましょう。

2018年5月

借金玉

解説

社会のスタンダードどおりに生きていけない人達への贈り物

精神科医　熊代 亨

本書の打ち合わせのために上京し、著者である借金玉さんに初めてお目にかかったときの印象は、「折り目正しく、落ち着いた物腰のアイデアマン」でした。例えばあなたが彼と東京駅ですれ違ったとしても、彼が発達障害であると気づくことはまずないでしょう。

しかし、彼のそんな落ち着きっぷりには秘密があったのでした。それが、この本に書かれている、ADHDとして生きていくのに役立つさまざまなノウハウです。

冒頭からアイデアは奮っています。ADHDに適した鞄の話や、大判のノートの話などは、落ち着きがなくて物をなくしてしまいやすい人には最適でしょう。実は私も、「一度視界から消えた物の場所は絶対に思い出せず、高確率でなくしてしまう」性質に悩んでいたので、本書を読んで、〝ひらくPCバッグ〟を買いました。今はとても重宝しています。鞄の中身を探さなくて済むのは素晴らしいことですね。

借金玉さんは、ブログやツイッターでも社会の中で生きていくための工夫や、コミュニケーションに際してのアイデアをたくさん書いておられます。それらを上手く実践しているからこそ、初対面の私には「折り目正しく、落ち着いた物腰のアイデアマン」と映ったのでしょう。

コンサータやストラテラといった治療薬についての知識や経験談、アルコール依存症やうつ病などの二次障害の話も、ここまで丁寧、かつユーモラスに言語化されている本はあまり無いように思われました。医学的にもまずいことは書いてありません。当事者として、よく勉強されていると思います。

文中にもあるように、これらのアイデアは、借金玉さんが思いつきで書き並べたものではありません。失敗や挫折を乗り越え、トライアンドエラーを繰り返してようやく身に付けたものです。〝見えない通貨〟や〝部族〟のお話も、一見、無意味にも見える習慣やルールが人間関係を維持する潤滑油として重要であることを、コミュニケーションが苦手な人にもわかりやすく説いています。借金玉さんがＡＤＨＤであるだけでなく、人間に関する文献をよく読み、実地でも人間をよく観察していたからこそ、言語化できた文章だと思います。

それだけに、本書のアイデアには発達障害のハウツー本という枠組みに留まらない部分もあって、社会適応に苦手意識を持っている人なら、誰が読んでも得るものがあるように思われます。

例えば、挨拶や儀礼的雑談の重要性は、定型発達の人でも理解していないことが珍しくありません。むしろ10〜20代といった社会経験が浅い人の場合は、こうした基本的な渡世の手法を侮っていたり、身に付けていなかったりすることが多いのではないでしょうか。

社会適応に困っている人、友達や先輩とうまくやっていくのが苦手な人は、発達障害の有無にかかわらず、この本に書いてあることを意識してみてください。とりわけ10〜20代の人は、この本に書いてある内容を真似していただくだけで、生きていくのが2割ぐらい楽になるでしょう。コミュニケーションを茶番だと思ってしまう人へのメッセージも、借金玉さんはちゃんと書いていましたが、実際、茶番を軽蔑するか否かと茶番をこなせるか否かは別問題です。挨拶や飲み会などを茶番として軽蔑している人も、こなせるようになっておくに越したことはありません。

かの芥川龍之介も、「最も賢い処世術は、社会的因襲を軽蔑しながら、しかも社会的因襲と矛盾せぬ生活をすることである。」と書いていましたし。

この本をお読みになった人の中には、発達障害と、そうでない人との境目が曖昧だと感じた人もいらっしゃるでしょう。その認識は、全く間違っていません。

そもそも、ＡＳＤにせよＡＤＨＤにせよ、発達障害とは、スペクトラムな概念です。つまり、白黒はっきりつけられるものではなく、定型発達（いわゆる正常）との間には無限のグラデーションがあります（図）。

発達障害と診断されている人の重症度はまちまちで、社会適応のしやすさも、医療的・福祉的サポートを必要とする度合いも大きく異なります。そして、発達障害と診断されるか否かの境界線には、本人の自助努力でどうにかなりそうな軽めの発達障害の人と、ギリギリ発達障害と診断されないけれども社会適応していくのに苦労している人が、混じり合うように存在しています。

世の中には、典型的な発達障害であっても企業の要職に就いている人、科学者やエ

発達障害のグラデーション

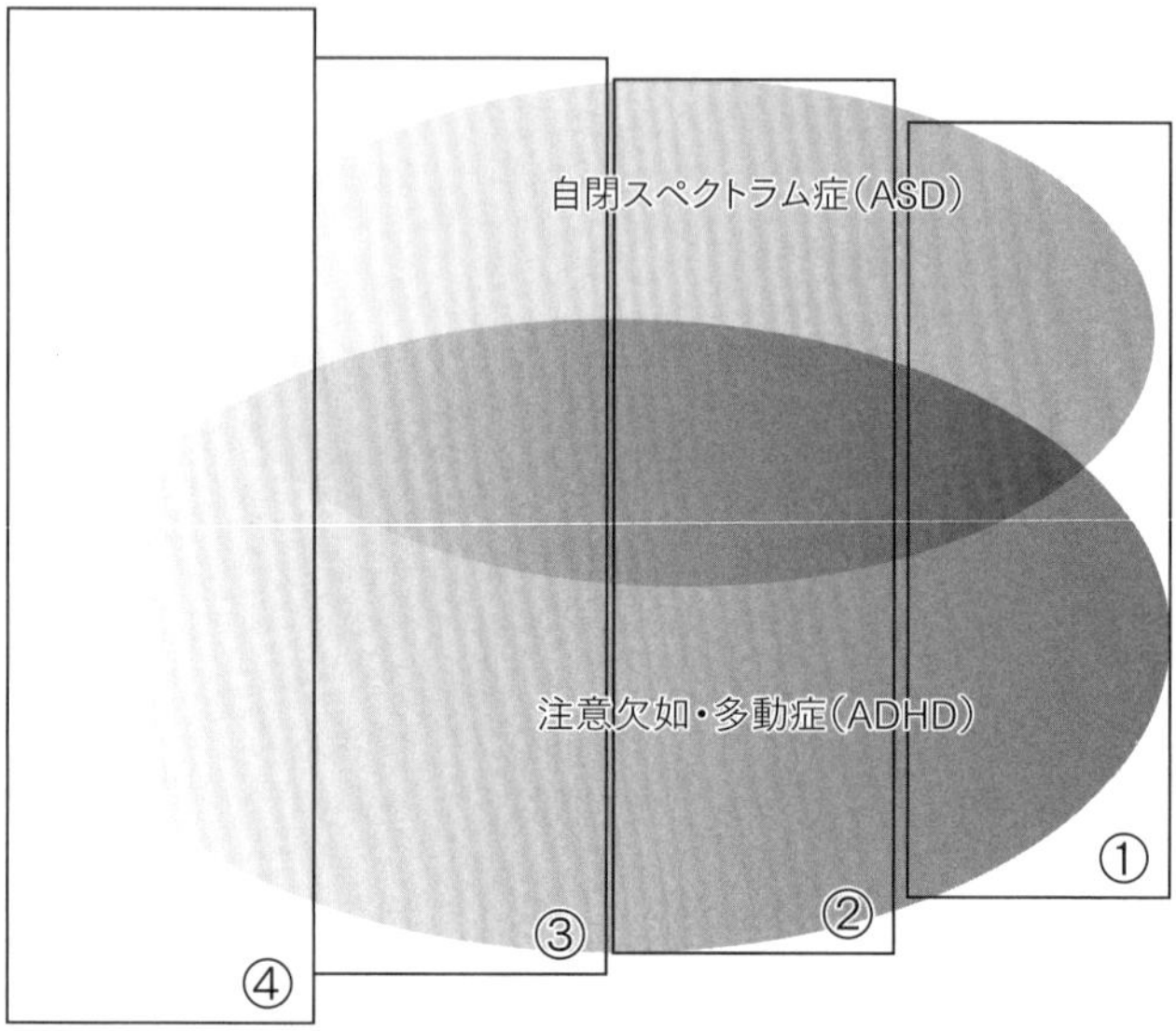

右側に行くほど重症で、①には、入院治療が何度も必要な人などが当てはまる。②には、外来通院や福祉的サポートを必要とするが、そういったサポートさえあれば生活できる人が当てはまる。③は、発達障害と診断されるかされないかのボーダーラインの領域。発達障害を積極的に診断する精神科医ならともかく、そうでない精神科医なら診断すべきか悩む水準。③に相当する人の総数は非常に多い。④が定型発達の人。それでもASDやADHD的な要素をいくらか持ち合わせていたり、ストレスが重なったときに③に近い振る舞いを見せたりする人は案外混じっている。
本書に記されたアイデアは、おそらく②と③の間ぐらいの人に最も役立ち、③と④の間ぐらいの人にもかなり役立つと考えられる。
なお、ASDとADHDはしばしば合併するため、この図が示しているように、両方の性質を持った人の中にも最重症〜定型発達のグラデーションが見られる。

ンジニアとして活躍している人も少なくありません。そういった華々しい例を別にしても、発達障害と診断されてはいても弱点をカバーして働いている人、苦労しながら家庭を切り盛りしている人もたくさんいます。他方で、発達障害とは診断されていないけれども本書で触れられているようなウィークポイントを抱えていて、それで社会適応に四苦八苦している人もたくさんいます。

つまり、発達障害と診断されていない人でも、発達障害的な特徴をひとつやふたつもっていてもおかしくなく、そのために社会適応に四苦八苦していてもおかしくないわけです。そういった人も、この本の想定読者に含まれるのではないでしょうか。

このような本書ですが、医療上のリミテーション（おことわり）があることには、一応触れておきます。

おそらく借金玉さんは、発達障害全体の中では重症度は高くないほうだと思われます。借金玉さんは双極性障害を合併し、精神科病院に入院されたこともあったそうですが、それでも、精神科病院に何回も入退院を繰り返さざるを得ない患者さん、暴力を振るわずにいられない患者さんなどに比べれば軽いと言えます。しっかりと人生経験を積み重ねて、この本を書き上げられるぐらいに社会適応がこなれた現在では、とりわけそうでしょう。

このことを踏まえると、この本に書かれたアイデアの中には、発達障害の程度によっては実践困難なものや、トライする際の負担が大きすぎるものもあると見るべきでしょう。私は、重い発達障害の人にこの本を手渡して、「あなたもこれで社会適応できるはずです、やるべきです」と強制することがあってはならないと思います。もし、あなたが医療的・福祉的サポートを必要としているようなら、この本は強制されるべき性格のものではないと捉えてください。また、この本のおかげで助かった、うまくいったと感じた発達障害の人も、この本が、発達障害のスペクトラムのあらゆる人に適用できるわけではないことを忘れないようにしてください。

また、最適な薬の種類や用法にも個人差がある点にもご注意ください。借金玉さんと同じような処方でうまくいっているＡＤＨＤの患者さんは結構いますが、コンサータよりストラテラのほうがしっくりくる患者さんや、エビリファイやソラナックス以外の向精神薬を併用している患者さんもいます。ＡＤＨＤの患者さんにさまざまなバリエーションがあるのと同じぐらい、ＡＤＨＤの薬物療法にもバリエーションがあります。これらの向精神薬は、主治医の先生とよくご相談の上で使用していただきたいと思います。

こうしたリミテーションはあるにせよ、社会適応のノウハウやアイデアを必要としている人に、これほど実践的な本をお届けできるのは、とても喜ばしいことです。社会適応については、医療サイドや福祉サイドからも助言されることもありますが、この本ほど生き生きとしたユーモラスな助言が提供されることはほとんどありません。借金玉さんの表現にシンパシーを感じた方は、この本ならではの妙味を存分に吸収して、日々の実践に生かしていただければと思います。

ところで私は、30代の頃、「キモがられるオタクが社会適応していくためのアイデア」をインターネット上で発信していたので、借金玉さんの執筆活動には親近感を覚えずにはいられません。当時はまだ、発達障害という言葉は世間に知られていませんでしたが、今にして思えば、キモがられるオタク、いわゆる〝キモオタ〟の中には発達障害に相当する人が少なからず含まれていたように思います。少なくとも私の交友関係には、現在なら大人の発達障害と診断されてもおかしくない人がかなりいます。

そういった人々の居場所として、一昔前のオタク界隈やインターネット界隈はなかなか良い雰囲気で、「俺らみたいな人々」がうじゃうじゃと群れて楽しんでいました。
　それから時が流れ、ゲームもアニメもすっかりメジャーな文化になりました。インターネットも、Instagram や Facebook が象徴しているように、生活が充実している人々のキラキラした社交場になった感があります。オタクやインターネットがキモいと言われなくなった代わりに、オタクやインターネットを言い訳にできなくなったとも言えます。そうした変化を踏まえると、今、社会適応のハウツーを語る際に「キモオタのため」ではなく「発達障害のため」と銘打つのはよくわかる話ですし、かつての私がやりたかったことを借金玉さんがブラッシュアップして書籍にまとめてくださったようにも感じます。

　個人的には、この本のような「やっていきましょう」路線だけでなく、かつてのオタク界隈やインターネット界隈のような、社会適応に不慣れな人でも群れていられる居場所が、世の中にはもっと必要なのだと思います。オンラインでもオフラインでもコミュニケーション能力が問われて、これほどまでに発達障害という概念が広まって、精神科や心療内科が存在感を発揮してしまっている現代社会のほうが、個々人よりも、よほど病んでいるのではないでしょうか。いつか、発達障害か否かを誰も気にしなくて済むような、そんな社会ができあがって欲しいものです。

しかし残念ながら、そのような理想社会ができあがる気配は今のところ無いので、その日までは、医療や福祉によるサポートも、この本に書かれているようなアイデアも、必要かと思われます。何にせよ、個人のレベルでは、やれることをやっていくしかないのです。それでも、知恵を出し合い、他者への敬意を忘れず生きる限りにおいて、人はきっと成長し続け、いつか小さなサボテンの花が咲くこともあるでしょう。

さあ、借金玉さんの後に続いて「やっていきましょう」!

借金玉（しゃっきんだま）
1985年生まれ。診断はADHD（注意欠如・多動症）の発達障害者。幼少期から社会適応が全くできず、登校拒否落第寸前などを繰り返しつつギリギリ高校までは卒業。色々ありながらも早稲田大学を卒業した後、何かの間違いでとてもきちんとした金融機関に就職。全く仕事ができず逃走の後、一発逆転を狙って起業。一時は調子に乗るも昇った角度で落ちる大失敗。その後は１年かけて「うつの底」から這い出し、現在は営業マンとして働く。

ブログ「発達障害就労日誌」
http://syakkin-dama.hatenablog.com

ツイッター　@syakkin_dama

発達障害《はったつしょうがい》の僕《ぼく》が「食《く》える人《ひと》」に変《か》わった　すごい仕事術《しごとじゅつ》

2018年５月25日　初版発行
2024年９月15日　16版発行

著者／借金玉《しゃっきんだま》

発行者／山下直久

発行／株式会社KADOKAWA
〒102-8177　東京都千代田区富士見2-13-3
電話　0570-002-301（ナビダイヤル）

印刷所／大日本印刷株式会社

ＤＴＰ／有限会社エヴリ・シンク

●お問い合わせ
https://www.kadokawa.co.jp/（「お問い合わせ」へお進みください）
※内容によっては、お答えできない場合があります。
※サポートは日本国内のみとさせていただきます。
※Japanese text only

定価はカバーに表示してあります。

ISBN 978-4-04-602076-5　C0030